A B

Contrasto insuffisant
NF Z 43-120-14

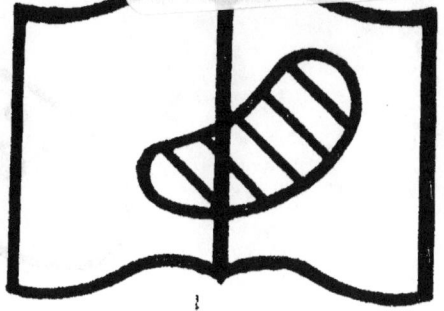

Illisibilité partielle

VALABLE POUR TOUT OU PARTIE
DU DOCUMENT REPRODUIT.

Couvertures supérieure et inférieure
en couleur

Rud. Hartmanns Schulausgaben

No. 5.

HISTOIRE DE FRANCE

DE 1789 À 1795

VON

VICTOR DURUY

LEIPZIG
VERLAG VON E. A. SEEMANN
1889

FRANZÖSISCHER SCHRIFTSTELLER

Verlag von E. A. SEEMANN in LEIPZIG.

Kunstgeschichtliches Bilderbuch

für Schule und Haus

herausgegeben von **Georg Warnecke**, (Altona).

11 S. gr. 4° mit 160 Abb. Steif kart. 1.60 ℳ, fein in Leinw. geb. 2.50 ℳ.

„Mit dem vorliegenden kleinen Werke", sagt der Herausgeber, „bietet der Verleger aus seinen reichen Schätzen einen kurzen Auszug für solche Lehranstalten, die, ohne einen eigentlichen kunstgeschichtlichen Unterricht in ihren Lehrplan aufgenommen zu haben, wenigstens ihren Zöglingen die Thore der Kunst eröffnen wollen, um ihnen, wenn auch nur von ferne, das Land der Schönheit zu zeigen und die Pfade zu ihnen, auf denen der Schule entwachsen, zu selbständigem und eigenem Genusse gelangen können. . . . Fortwährend führt der Unterricht in der Religion, in der Geschichte, im Deutschen, im Zeichnen u. s. w. den Lehrenden auf die Gelegenheit, ja die Notwendigkeit, Werke der bildenden Kunst heranzuziehen etc."

Verlag des LITTERARISCHEN JAHRESBERICHTS
(Artur Seemann) Leipzig.

Das Theaterwesen der Griechen und Römer.

Von Dr. R. Opitz

22 Bogen. Mit Illustrationen. Preis geb. 5 ℳ.
(Auch unter dem Titel: Kulturbilder aus dem klassischen Altertum.
Band 5.)

Der Verfasser hat sich bestrebt, mit Hilfe der weitverzweigten neueren Litteratur aus den alten Autoren heraus ein lebensvolles Bild des antiken Theaterwesens zu gestalten. Er verfolgt die Entstehung und Entwickelung der griechischen Tragödie und Komödie und behandelt alle Wandelungen, die sie auf griechischem und römischem Boden erfahren hat. Besondere Kapitel widmet er dem Theaterbau, der Inscenierung, dem Publikum, der Theorie des Dramas. Überall weiß er mit sicherer Hand auf Grund umfassender Kenntnis reiche und bunte Kulturschilderungen zu geben.

Druck: Ramm & Seemann, Leipzig.

Martin Hartmanns

Schulausgaben französischer Schriftsteller

V

Victor Duruy,

Histoire de France de 1789 à 1795.

VICTOR DURUY

HISTOIRE DE FRANCE

DE 1789 À 1795

MIT

EINLEITUNG UND ANMERKUNGEN

HERAUSGEGEBEN

VON

K. A. MARTIN HARTMANN

>-❖-❘❘-❖-◄

LEIPZIG

E. A. SEEMANN

1889

TABLE DES MATIÈRES.

LIVRE I.

ASSEMBLÉE CONSTITUANTE (1789-1791).

LIVRE II.

ASSEMBLÉE LÉGISLATIVE (1791-1792).

LIVRE III.

LA CONVENTION (1792-1795).

Vorwort.

Mit Recht hat man die Forderung aufgestellt, daſs
die französische Lektüre unserer höheren Schulen auch
die Geschichte der Revolutionszeit berücksichtige. So fern
wir auch jetzt der Schwärmerei stehen, mit der viele
unserer Altvordern vor hundert Jahren die Revolution
aufnahmen, in dem Wahne, das Morgenrot einer goldenen
Zeit des Völkerglückes anbrechen zu sehen, darüber kann
doch kein Zweifel sein, daſs man es hier mit einer uni-
versalhistorischen Bewegung zu thun hat, die zu den
folgenschwersten Abschnitten der Weltgeschichte gehört,
und von der die ganze staatliche und gesellschaftliche
Neugestaltung Europas ihren eigentlichen Anstoſs erhalten
hat. Eine solche Bewegung überschlagen zu wollen, das
würde geradezu das Gegenteil von Weisheit sein.

Bis jetzt hat man nun diese Zeit meist nach Mignet
lesen lassen,[1] und wohl jeder für die oberen Klassen in
neuerer Zeit vorgeschlagene Kanon enthält diesen Historiker. Auch die 1884 für die Realgymnasien des König-
reichs Sachsen erlassene Lehrordnung nennt Mignet in
der Reihe der für Prima geeigneten Schriftsteller. Die
Vorzüge dieser Lektüre sind ja zu bekannt, als daſs man

[1] Gebraucht wird in der Regel die in 4 Heften bei F. G. Teubner
(1877—1881) erschienene verdienstliche Ausgabe von A. Korell (1. Heft
2. Aufl. 1885). Die ersten 3 Hefte enthalten die Zeit von 1789—1795, das
4. Heft umfaſst die Jahre 1795—1814.

darüber noch zu reden hätte. Ein Nachteil aber muſs
jedem in die Augen springen, und hat sich auch dem
Unterzeichneten bei mehrfachem Gebrauche aufgedrängt:
Das Werk Mignets ist zu umfangreich, als daſs es mit
den Schülern ganz bewältigt werden könnte. So ist es
wenigstens an Gymnasien, und es kann an Realgymnasien
nicht wohl anders sein, da man der Lektüre desselben
Autors unmöglich drei bis vier Halbjahre widmen wird.
Mit Rücksicht auf diesen Umstand hat man den Versuch
gemacht, einen kleineren Abschnitt aus Mignet heraus-
zunehmen und getrennt herauszugeben. Freilich ist auch
das nicht ohne Bedenken. Bleibt man bei der Lektüre
des Gesamtwerkes zumeist in den Anfängen stecken, so
hat man in dem als Schulausgabe vorliegenden Abschnitte
über die Schreckensherrschaft gleichsam ein in der Luft
schwebendes Bruchstück, das wenig geeignet ist, das Ganze
zu vertreten, und das ein noch weit unvollkommeneres
Bild von der Bewegung ergeben muſs, als wenn man sich
mit der Lektüre des Anfangs von Mignet begnügt.

Was hier von dem aus Mignet entlehnten Abschnitte
über die Schreckensherrschaft bemerkt wurde, das gilt
natürlich auch von dem aus Lamartines *Histoire des
Girondins* herausgehobenen und als Sonderausgabe er-
schienenen Kapitel: »*La Mort de Louis XVI*«, oder »*Captivité,
Procès et Mort de Louis XVI*«. Gerade die vollständige
Kenntnisnahme des Verlaufs jener tieftragischen Zeit[1]), von
den reformatorischen Anfängen an bis zu ihrer Ausartung
und Verzerrung in Pöbelherrschaft und Schreckensherr-

---

[1]) Soeben erschien in der Rengerschen Sammlung: Barrau, *Scènes de
la Révolution française jusqu' aux journées de septembre 1792*, erkl. von B.
Lengnick. Folgendes sind die Ueberschriften der vom Herausgeber aus
der Barrauschen *Histoire de la Révolution française* herausgehobenen und
zu einem Texte zusammengestellten Kapitel: 1. *Introduction. Convocation
des Etats généraux. Elections.* 2. *Ouverture des Etats généraux. Assemblée
nationale.* 3. *Séance du Jeu de paume. Séance royale.* 4. *Prise de la
Bastille.* 5. *Journées des 5 et 6 octobre.* 6. *Fédération.* 7. *Fuite et retour
du roi.* 8. *Journée du 20 juin 1792.* 9. *Journée du 10 août 1792.* 10.
Journées de septembre 1792.

schaft, gerade das ist in historischem Sinne ungemein
lehrreich, aber gerade diesem Gesichtspunkte läfst sich
bei Benutzung der genannten Ausgaben schwer oder vielmehr gar nicht Rechnung tragen. Und das ist es, was
den Unterzeichneten bestimmt hat, den Fachgenossen
seinerseits einen neuen Vorschlag zu unterbreiten, eine
Bearbeitung des Abschnittes aus Duruys *Histoire de France,*
der die Jahre 1789 bis 1795 behandelt.

Dem Begriff „Französische Revolution" giebt man
eine sehr verschiedene Ausdehnung. Thiers verstand darunter, nach der bekannten Aeufserung Napoleons, die
Periode von 1789 bis 1799. Die kürzlich in Paris er-
öffnete Ausstellung zur Geschichte der Revolution umfafst
die Jahre 1789 bis 1804. Mignet dehnt bekanntlich den
Begriff bis auf das Jahr 1814 aus. Noch andere endlich
meinen, dafs die Revolutionsperiode Frankreichs überhaupt
noch nicht zum Abschlufs gekommen sei. Was man auch
zu Gunsten einer jeden dieser verschiedenen Auffassungen
sagen mag, sicher ist soviel, dafs der eigentliche Hauptteil
des Revolutionsdramas nicht über die Herrschaft des Konvents hinausgeht, und in diesem Sinne enthält das vorliegende
Bändchen eine in gedrängter Form gegebene Darstellung
der Revolution, die sich ohne besondere Schwierigkeit als
Schullektüre bewältigen läfst, und die jedenfalls den Vorzug
hat, dafs sie dem Leser ein abgerundetes Bild jener Zeit
vermittelt. Wenn man die Lektüre nicht nur unter dem
Gesichtspunkte der Sprache auswählt, sondern auch dem
Inhalte gebührend Rechnung trägt, so wird man dieses
Moment gewifs nicht unterschätzen.

Freilich läfst sich sowohl gegen Duruy wie gegen
Mignet der Einwand erheben, dafs ihre Darstellung in
mehrfacher Hinsicht von der modernen Forschung überholt
ist, die ja so viele Legenden der Revolutionsschwärmer wie
der Revolutionshasser zerstört hat. Kein sachverständiger
Beurteiler wird das bestreiten. Aber sicher reicht das

nicht hin, um die Verwendung dieser Autoren von der
Lektüre auszuschliefsen, so wenig man z. B. auf dem Gebiete des Lateinischen die Lektüre des Livius aufgiebt,
weil die moderne Wissenschaft diesen Historiker in manchen
Punkten widerlegt hat. Natürlich hat der Kommentar
vorliegender Ausgabe es nicht unterlassen, den Duruy-
schen Text mit der neueren Geschichtsschreibung zu ver-
gleichen, ihn zu ergänzen oder zu berichtigen, wo das
notwendig war, in dem Mafse wie der Zweck dieses
Büchleins es angemessen erscheinen liefs. Besonders sind
hierbei die Werke von Ranke, Sybel, Taine und Sorel,
sowie die von Aulard benutzt worden. Auch das kürzlich
erschienene, durch den Reichtum vortrefflich wiederge-
gebener zeitgenössischer Illustrationen wie durch Objekti-
vität des Textes ausgezeichnete Werk von Hippolyte Gautier:
»*L'An 1789*« konnte noch Verwendung finden. Allerdings
wird man sich wohl dahin zu bescheiden haben, dafs
ein völlig abschliefsendes Urteil über die französische
Revolution zur Zeit noch nicht möglich ist, ebensowenig
als beispielsweise die Generation des Dreifsigjährigen
Krieges ein endgiltiges Urteil über die Reformation haben
konnte. Auch die wissenschaftliche Durchforschung der
Revolution ist noch keineswegs abgeschlossen. Den gröfsten
Teil der in Frage kommenden Dokumente hat man noch
gar nicht verzeichnet, geschweige denn verarbeitet, und
nicht einmal für die gedruckten Quellen giebt es bis jetzt
eine vollständige Bibliographie. Selbst ein so hervor-
ragendes Werk wie Taines *Origines de la France contem-
poraine* wird schwerlich einen Abschlufs bezeichnen. Mag
man den Forscherfleifs Taines noch so hoch anschlagen, —
von seiner glänzenden Darstellung gar nicht zu reden, —
seine Methode erinnert doch zu lebhaft an die Zolas, als
dafs er das letzte Wort über die Revolution gesagt haben
könnte.

Dafs der Kommentar überwiegend sachlichen Inhalts

ist, ganz wie bei den Anmerkungen zu der voriges Jahr
vom Unterzeichneten veröffentlichten Schulausgabe von
Duruy: *Le Siècle de Louis XIV* (Berlin, Friedberg & Mode),
ergiebt sich auch hier aus der Beschaffenheit des Textes.
Die zahlreichen zustimmenden Aeußerungen, die dem
Herausgeber zur Bearbeitungsmethode der eben genannten
Ausgabe zugegangen sind, konnten ihn nur darin be-
stärken, denselben Weg auch hier einzuschlagen. Sache
des Lehrers wird es sein, an sprachlichen Erläuterungen
das zu geben, was er nach dem Stande seiner Klasse für
notwendig hält.

Die Beigabe einer Karte wurde in Erwägung ge-
zogen, schließlich aber angesichts der weiten Verbreitung
geschichtlicher Atlanten doch fallen gelassen. Wir denken
hier namentlich an den Putzgerschen Historischen Schul-
atlas (Bielefeld und Leipzig, Velhagen & Klasing), der
seit der 14. Auflage in der vorzüglichen Neubearbeitung
von A. Baldamus vorliegt. Die darin enthaltenen Karten
zur Revolutionszeit, darunter auch eine von Paris im
Jahre 1789, werden bei der Lektüre dieser Ausgabe gute
Dienste thun.

Leipzig, im April 1889.

K. A. Martin Hartmann.

Leben Victor Duruys.

Geboren am 11. September 1811 in Paris als Sohn eines Arbeiters der kaiserlichen Gobelinsfabrik, besuchte Victor Duruy ein Gymnasium seiner Vaterstadt und, von 1830—1833, die *École Normale Supérieure*, jenes berühmte Seminar, in das alljährlich eine auserlesene Schar junger Männer behufs Ausbildung für den Gymnasialunterricht eintritt. Dieser Unterrichtszweig war der Ausgangspunkt seiner an Thaten und Ehren so reichen Laufbahn. Eine längere Reihe von Jahren hindurch war er Lehrer der Geschichte, zuerst im Gymnasialunterrichte, namentlich am *Collège Henri IV*, späterhin an der *École Normale Supérieure* und an der *École Polytechnique*. Nachdem er die Unterrichtsverwaltung in der Stellung eines Kreisschulinspektors zu Paris, dann als Dezernent für das höhere Schulwesen im Unterrichtsministerium praktisch kennen gelernt hatte, wurde ihm 1863 das Unterrichtsministerium selbst durch Kaiser Napoleon III. übertragen. In dieser Stellung entfaltete er eine fruchtbare reformatorische Thätigkeit, im Sinne eines mafsvollen, gesunden Liberalismus. Seine Amtsführung ist namentlich gekennzeichnet durch Mafsnahmen zur Hebung des Standes der Volksschullehrer, durch die Gründung staatlicher Töchterschulen, sowie durch die Gründung der noch jetzt blühenden *École des Hautes Études*, einer wissenschaftlichen Pflanzschule ersten Ranges, deren auf die verschiedensten Gebiete historischer und philologischer Forschung sich er-

streckende Arbeiten überall einen guten Klang haben.
Weitere Absichten Duruys, die auf die Herstellung der
unentgeltlichen obligatorischen Volksschule gerichtet waren,
scheiterten an dem Widerstande der mächtigen klerikalen
Partei, ja diese erzwang 1869 sogar den Rücktritt Duruys
vom Unterrichtsministerium. Die Muse des Privatlebens
gestattete ihm eine um so ungestörtere Fortsetzung seiner
litterarischen Arbeiten, die er schon als junger Mann be-
gonnen hatte. Aus der langen Reihe seiner geographischen
und besonders historischen Veröffentlichungen sei hier nur
erwähnt die seit 1851 oft aufgelegte *Histoire de France,*
die 1862 von der Akademie gekrönte *Histoire de la Grèce
ancienne,* deren Gegenstand der Verfasser jüngst in er-
weiterter und vertiefter Form wieder aufgenommen hat,
vor allem aber das Hauptwerk seines Lebens, in dem er
sich ebenso als eleganter Darsteller wie als gründlicher
und besonnener Forscher zeigt, die siebenbändige *Histoire
des Romains jusqu'à la mort de Théodose* (1870—1879),
aus der die Kaisergeschichte in deutscher Bearbeitung
von Hertzberg vorliegt. V. Duruy ist Mitglied dreier
Akademien: der *Académie des Inscriptions et Belles-Lettres*
(seit 1873), der *Académie des Sciences morales et politiques*
(seit 1879), und endlich der *Académie française* (seit 1884).

LIVRE I.

ASSEMBLÉE CONSTITUANTE (1789-1791).

1. Nécessité d'une constitution.

On avait dit longtemps que le tiers payait de
5 ses biens, la noblesse de son sang, le clergé de ses
prières. Or le clergé de cour et de salon ne priait
guère, la noblesse ne formait plus seule l'armée
royale; mais le tiers était resté fidèle à ses fonctions
dans l'État: il payait toujours, et chaque année da-
10 vantage. Puisque sa bourse était le trésor commun,
il était inévitable que plus la monarchie deviendrait
dépensière, plus elle se mettrait dans la dépendance
de la bourgeoisie, et qu'un moment arriverait où,
lassée de payer, celle-ci demanderait les comptes.
15 Ce jour-là s'appelle la révolution de 1789.

Dans une brochure célèbre, l'abbé Sieyès, exami-
nant les questions que tout le monde se faisait alors,
disait: »Qu'est-ce que le tiers état? — La nation. —
Qu'est-il? — Rien. — Que doit-il être? — Tout.«
20 Ainsi, au mot de Louis XIV: »L'État, c'est moi,«
Sieyès répondait: »L'État, c'est nous.« Il évaluait,
en effet, le nombre des nobles de tout âge et de

tout sexe, à moins de 110000, et le clergé n'était
pas plus nombreux.

La cour, surtout la reine, le comte d'Artois, les
princes de Condé et de Conti, les Polignac, eussent
5 voulu que les états généraux s'occupassent seulement
d'affaires de finances, et que le déficit comblé, les
dettes payées, on renvoyât les députés chez eux.
Mais des réformes politiques étaient la meilleure
précaution à prendre contre le retour du déficit. La
10 nation le comprit et le voulait.

La France, en effet, souffrait de deux maux qui
venaient l'un de l'autre: un mal financier et un mal
politique, le déficit et les abus. Pour guérir le premier, il fallait trois choses: des économies, une per-
15 ception moins coûteuse, une répartition plus équi-
table de l'impôt; pour guérir le second, il fallait une
nouvelle organisation du pouvoir. La royauté qui
s'était déjà transformée tant de fois depuis les em-
pereurs romains, en passant par la royauté barbare
20 de Clovis et par la royauté féodale de Philippe-
Auguste, devait subir une transformation nouvelle;
car dans sa forme dernière, celle de la royauté absolue et de droit divin, elle avait donné tout ce que
le pays pouvait attendre d'elle, l'unité de territoire
25 et l'unité de commandement. Elle avait constitué
la France; mais, avec les immenses développements
de l'industrie, du commerce, de la science, de l'esprit
public et de la richesse mobilière, cette France avait
maintenant des intérêts trop complexes, des besoins
30 trop nombreux pour qu'elle pût s'en remettre à l'om-
nipotence d'un seul homme, sans garantie aucune
contre les hasards malheureux des naissances royales
ou la légèreté de ministres insuffisants. La nation
était mûre pour s'occuper elle-même de ses propres
35 affaires, et rompre l'enveloppe à demi brisée qui

enchaînait encore ses mouvements. Malheureusement
les peuples ne se séparent jamais de leur passé que
par de cruels déchirements.

------

2. Les élections;[1] Mirabeau.

5   A la nouvelle de la convocation des états généraux, l'agitation qui déjà régnait en France redoubla.
Partout s'organisèrent des réunions, ou, comme on
les appela d'après un mot anglais, des *clubs*, entre
autres le *club Breton*, d'où sortira la société sinistre
10 des Jacobins.   Ces réunions ne furent pas toutes
pacifiques et révélèrent les divisions qui existaient
au sein même des ordres privilégiés.   Le clergé avait
sa démocratie, les curés de campagne; la noblesse
avait la sienne dans la gentilhommerie de province;
15 mais celle-ci était, en général, contraire à la révolution, et en voyant une partie des grands seigneurs,
la Fayette, la Rochefoucauld-Liancourt, les comtes
de Montmorency et de Lally-Tollendal, le vicomte
de Noailles, etc., favorables aux réformes, elle disait
20 fièrement: »Ils trafiqueront encore de nos privilèges.«
En Bretagne, la noblesse et les évêques aimèrent
mieux ne pas nommer de députés que d'admettre la
double représentation du tiers; mais les curés bre-
tons firent scission et commencèrent la division du
25 clergé.
          En Provence, les nobles protestèrent contre la
décision du conseil du roi.   Un illustre transfuge,
le comte de Mirabeau, attaqua vivement cette pro-

30   1. Les élections étaient à deux degrés.   Des assemblées
primaires nommaient les électeurs, et ceux-ci choisissaient
les députés.   Tout contribuable, quelle que fût la quotité de
sa contribution, était électeur primaire et pouvait être élu.

testation. Repoussé par les nobles, qui ne voulurent
point le laisser siéger parmi eux, il leur lança ces
menaçantes paroles: »Dans tous les pays, dans tous
les âges, les aristocrates ont implacablement pour-
5 suivi les amis du peuple; et si, je ne sais par quelle
combinaison de la fortune, il s'en est élevé quel-
qu'un dans leur sein, c'est celui-là surtout qu'ils ont
frappé, avides qu'ils étaient d'inspirer la terreur par
le choix de la victime. Ainsi périt le dernier des
10 Gracques de la main des patriciens; mais, atteint
du coup mortel, il lança de la poussière vers le ciel,
en attestant les dieux vengeurs; et de cette poussière naquit Marius; Marius, moins grand pour avoir
exterminé les Cimbres que pour avoir abattu dans
15 Rome l'aristocratie de la noblesse.« Il parcourut
la province, au milieu des populations éblouies par
les premiers éclats de cette éloquence qu'attendait
un plus grand théâtre, et il calma, par son ascendant, des mouvements qui avaient éclaté à Aix et
20 à Marseille, où il fut reçu au bruit du canon, au
son des cloches. Sa jeunesse avait été pleine de
désordres; mais il avait beaucoup souffert des in-
justes rigueurs de son père et de celles du gouvernement, qui avait donné contre lui dix-sept lettres
25 de cachet. Il fut emprisonné dans l'île de Ré, puis
au château d'If, au fort de Joux, à Vincennes, et
condamné à mort pour une séduction. A vingt ans,
il avait écrit un *Essai sur le despotisme*, avec cette
épigraphe de Tacite: *Dedimus profecto grande pa-*
30 *tientiae documentum.* Plus tard, pour vivre, il trafiqua de sa plume. C'était un nom souillé, mais un
esprit supérieur. Sa voix allait devenir la voix même
de la Révolution.

8. Demandes des cahiers.

Voici les demandes qui, se retrouvant dans presque tous les cahiers, n'étaient l'objet d'aucune con-
testation:

5   1° Dans l'ordre politique: la souveraineté émane
du peuple et ne peut s'exercer que par l'accord de
la représentation nationale avec le chef héréditaire
de l'État; urgence de donner une constitution à la
France; droit exclusif pour les états généraux de
10 faire la loi qui, avant d'être promulguée, devra obtenir la sanction royale, de contrôler les dépenses
publiques, de voter l'impôt; abolition des immunités
financières et des privilèges personnels du clergé et
de la noblesse; suppression des derniers restes du
15 servage; admissibilité de tous les citoyens aux emplois publics; responsabilité des agents du pouvoir
exécutif.

2° Dans l'ordre moral: la liberté du culte et de
la presse; éducation par l'État des enfants pauvres
20 et abandonnés.

3° Dans l'ordre judiciaire: unité de la législation et de la jurisprudence; suppression des juridic-
tions exceptionnelles; publicité des débats; adou-
cissement des lois pénales; réforme des lois de pro-
25 cédure.

4° Dans l'ordre administratif: création d'assemblées provinciales pour contrôler la gestion de tous
les délégués de l'autorité royale; unité de poids et
de mesures; nouvelle division du royaume d'après la
30 population et le revenu.

5° Dans l'ordre économique: liberté de l'industrie; suppression des douanes intérieures; remplace-
ment des divers impôts par un impôt territorial et
mobilier qui atteindrait les fruits, mais jamais le capital.

Ces demandes, qui contenaient toute la révolution,
et qui en marquent d'avance tous les travaux, prou-
vent que la nation qui avait su les formuler, méri-
tait de les obtenir. On les a appelées les principes
5 de 89.

---

4. Ouverture des états généraux (5 mai 1789).

Le 2 mai, tous les députés réunis à Versailles
furent présentés au roi. Le 4, ils se rendirent en
procession solennelle à l'église Saint-Louis[1]. Tout
10 Paris était à Versailles. Au milieu d'une foule immense, le cortège parut, le tiers état en tête, comme
il est d'usage dans les processions que les moindres
personnages ouvrent la marche. L'étiquette, réglée
d'avance, avait assigné aux députés du tiers un mo-
15 deste vêtement noir; ils furent couverts d'applaudissements. Les habits brodés de la noblesse pas-
sèrent au milieu du silence, sauf quelques hommes
populaires qu'on applaudit; même silence pour le
clergé, qui venait ensuite. L'enthousiasme ne se
20 ralluma que pour le roi, qui fermait la marche.

Le 5 mai, les états s'ouvrirent dans la salle
des *Menus* qu'on désigna sous le nom de *Salle des
Trois Ordres*. Le roi était sur son trône, entouré
des princes du sang; sur les degrés se tenait la cour.
25 Le reste de la salle était occupé par les trois ordres:
à droite du trône, le clergé, qui comptait 291 mem-

---

1. L'évêque de Nancy termina le sermon du jour par
ces mots: »Sire, le peuple sur lequel vous régnez a donné
30 des preuves non équivoques de patience.... C'est un peuple
martyr, à qui la vie semble n'avoir été laissée que pour le
faire souffrir plus longtemps.«

bres, dont 48 archevêques ou évêques, 35 abbés ou chanoines, 204 curés et 3 moines; à gauche, la noblesse, comprenant 270 membres, à savoir: un prince du sang, le duc d'Orléans, 240 gentilshommes et 28 magistrats des cours supérieures; enfin, au fond, sur des sièges inférieurs, le tiers état, composé de 584 membres, dont 12 gentilshommes, 2 prêtres, 18 maires ou consuls de grandes villes, 162 magistrats de bailliages ou sénéchaussées, 212 avocats, 16 médecins, 162 négociants ou propriétaires et cultivateurs.

Le roi exprima en quelques nobles paroles ses vœux pour le bonheur de la nation, convia les états à y travailler en leur recommandant surtout la question financière et en les engageant à remédier aux maux, sans se laisser entraîner au désir exagéré d'innovation »qui s'est emparé des esprits«.

Le garde des sceaux Barentin développa le discours royal, en paraissant réduire les attributions des états au vote de l'impôt, à la discussion d'une loi contre la presse et à la réforme de la législation civile et criminelle. Puis la parole fut donnée au directeur général des finances, Necker, qui fatigua par ses longueurs. Deux passages de son discours excitèrent cependant une vive attention: celui où il faisait l'aveu d'un déficit annuel de 56 millions et de 260 millions d'anticipations, et celui où il déclarait que le roi demandait aux états de l'aider à fonder la prospérité du royaume sur des bases solides. »Cherchez-les, disait-il, indiquez-les à votre souverain, et vous trouverez de sa part la plus généreuse assistance.« Ainsi, il y avait anarchie dans le conseil. Le garde des sceaux, organe de la cour, considérait la crise présente plutôt comme financière que comme politique et sociale, et le di-

recteur des finances semblait donner toute latitude
aux états généraux.

---

5. Les députés du tiers se déclarent assemblée nationale constituante (17 juin-9 juillet 1789).

5   Établir l'unité politique et sociale de la nation
par l'égalité devant la loi et la garantir par la liberté, c'était bien là, en deux mots, tout l'esprit
de 1789. Trois sociétés existaient: il fallait qu'il
n'y en eût plus qu'une. Dans la discussion soulevée
10 à propos de la première question à résoudre, la vérification des pouvoirs des députés, le tiers état se
prononça pour que cette vérification se fît en commun, le clergé et la noblesse pour que chaque ordre
vérifiât à part le pouvoir de ses membres. De la
15 manière dont on délibérerait sur ce point dépendait
le mode de délibération qui serait adopté pour le
reste, et le vote par ordre ou par tête. Or si l'on
votait par ordre, la majorité était assurée au clergé
et à la noblesse; si l'on votait par tête, elle était
20 acquise aux députés du tiers, plus nombreux que
ceux des autres ordres, 584 contre 561.

Pendant cinq semaines, les députés du tiers,
maîtres de la salle commune, employèrent tous les
moyens pour engager les deux premiers ordres à la
25 réunion; ils y invitaient le clergé »au nom du Dieu
de paix et de l'intérêt public«. Le clergé était dans
une situation douloureuse: ses doctrines le tiraient
d'un côté, ses intérêts de l'autre; corps privilégié,
il était hostile à la révolution; interprète de l'Évan-
30 gile, il y était favorable. Ceux de ses membres qui
profitaient le moins des privilèges, commencèrent la
défection. Le 13 juin, trois curés du Poitou vin-

rent prendre séance au milieu du tiers; les jours
suivants, un grand nombre d'autres les imitèrent.
Enfin, le 17 juin, sur la motion de l'abbé Sieyès,
les communes s'érigèrent en Assemblée nationale,
5 attendu »que cette Assemblée est déjà composée des
représentants envoyés directement par les 96 cen-
tièmes au moins de la nation, et qu'une telle masse
de députation ne saurait rester inactive par l'absence des députés de quelques bailliages ou de quel-
10 ques classes de citoyens« (17 juin). Trois semaines
après, pour mieux indiquer son mandat, elle ajouta
à son titre le mot de constituante (9 juillet).

---

6. Serment du Jeu de Paume (20 juin).

Cette déclaration, qui ouvrait la révolution, jeta
15 la terreur à la cour et dans les deux premiers ordres. Pourtant le clergé, malgré les brillants efforts
de l'abbé Maury, se décida pour la réunion à une
majorité de quelques voix formée par les curés
(19 juin). La cour n'en fut que plus irritée et poussa
20 le roi aux mesures violentes. On l'engageait à prononcer la dissolution des états. Il ne le voulut pas;
mais annonçant une séance royale pour le 22 juin,
il fit garder par des soldats la salle des séances,
sous prétexte de préparatifs à faire; c'était un moyen
25 d'empêcher le clergé d'opérer la réunion. Le 20 juin,
Bailly, président du tiers, trouva la porte fermée.
Les députés s'assemblent par groupes; les uns veulent délibérer en plein air, sur la place d'armes, à
la façon des anciens champs de mai; d'autres sous
30 les fenêtres mêmes du roi. Enfin, Bailly se rend
dans une salle de jeu de paume et les y convoque.
Là, entre des murs sombres et nus, sans appareil,

sans sièges, les députés font le serment solennel de
ne point se séparer avant d'avoir donné une constitution à la France (20 juin). Le lendemain, cette
salle, à son tour, est fermée: le comte d'Artois l'a
5 retenue pour y jouer avec ses courtisans. Mais la
majorité du clergé s'étant réunie au tiers état, fait
ouvrir l'église Saint-Louis, et l'Assemblée, déjà en
partie victorieuse sur la question de réunion des
ordres, y commence ses délibérations. Dès lors les
10 événements se précipitent.

7. Fusion des trois ordres (27 juin).

La séance royale se tint donc après un double
échec du gouvernement. Elle commença la rupture
avec le roi. Louis XVI, qui avait fait environner
15 la salle de troupes nombreuses, prononça des paroles menaçantes; il excepta des affaires à traiter en
commun celles qui regardaient les droits antiques et
constitutionnels des trois ordres: »Si vous m'aban-
donnez, ajoutait-il, seul, je ferai le bien de mes peu-
20 ples, seul je me considérerai comme leur véritable
représentant.« Il sortit en commandant aux ordres
de se retirer dans leurs salles respectives. Les deux
premiers obéirent, sauf quelques membres du clergé;
le tiers resta. Le marquis de Brézé, grand maître
25 des cérémonies, rentra et dit: »Vous avez entendu,
messieurs, les ordres du roi.« Mirabeau se leva et
répondit: »Nous avons entendu, monsieur, les inten-
tions qu'on a suggérées au roi; mais vous qui ne
sauriez être son organe auprès de l'Assemblée na-
30 tionale, vous qui n'avez ici ni place ni voix, ni droit
de parler, vous n'êtes pas fait pour nous rappeler
son discours.... Allez dire à votre maître que nous

sommes ici par la volonté du peuple, et qu'on ne nous en arrachera que par la puissance des baïonnettes.« A quoi Sieyès, s'adressant aux députés, ajouta ces simples et fortes paroles: »Vous êtes aujourd'hui ce que vous étiez hier, délibérez.« L'Assemblée délibéra, et ce fut pour proclamer aussitôt l'inviolabilité de ses membres (23 juin). Le lendemain la majorité du clergé, et le surlendemain 47 membres de la noblesse, le duc d'Orléans en tête, vinrent se réunir au tiers.

Au sortir de la séance royale, Louis XVI était rentré au château, au milieu de la foule, pour la première fois silencieuse. Il se promenait sans parler dans son appartement, lorsque Brézé vint lui annoncer le refus du tiers état de quitter la salle: »Eh bien! dit-il comme importuné, s'ils ne veulent pas la quitter, qu'on les y laisse.« Le roi cédait; Necker, un instant éloigné, était rappelé par effroi. Il conseilla au roi d'inviter lui-même les deux premiers ordres à se joindre au troisième. Ils obéirent le 27 juin et furent reçus avec courtoisie, comme si leur venue était le gage durable d'une union fraternelle. »Il nous manquait des frères, dit Bailly, la famille est complète;« et l'Assemblée s'organisant en trente bureaux, pour donner au grand travail de la constitution l'activité nécessaire, les députés du tiers choisirent tous les présidents parmi les ecclésiastiques et les nobles.

---

8. Prise de la Bastille (14 juillet).

Mais la cour rêvait à des projets violents. Des troupes étaient appelées de toutes parts et concentrées autour de Paris et de Versailles pour protéger

l'Assemblée, disait-on, et maintenir l'ordre. Elles
montaient à plus de 30000 hommes; le commandement en fut donné au vieux maréchal de Broglie,
qui les mit sur le pied de guerre. On put se croire
5 en pays ennemi. Dans le nombre se trouvaient des
régiments étrangers, les Suisses, le Royal-Allemand,
fort en faveur, parce que leur fidélité n'était pas
douteuse. Les régiments français avaient, en effet,
subi l'influence des idées qui circulaient alors, d'au-
10 tant plus que l'armée, elle aussi, fléchissait sous le
poids de nombreux abus. Il ne faut pas oublier
que les régiments s'achetaient comme toute autre
propriété; que les grades supérieurs étaient réservés
aux nobles à quatre quartiers et que, dans le budget,
15 les officiers figuraient pour 46 millions, les soldats
seulement pour 44, sans compter les retenues de
solde.

La présence des régiments étrangers était une
menace trop claire. Paris s'inquiéta de cet appareil
20 militaire. Tout ce qui se passait à Versailles y re-
tentissait sur-le-champ. Le foyer de l'agitation était
le jardin du Palais-Royal. Une table servait de tribune. On y commentait tous les actes de l'Assemblée et de la cour. Les soldats des gardes fran-
25 çaises, habitués par un long séjour dans cette ville
à partager les sentiments du peuple, s'associèrent
aux manifestations de la joie publique, après les
succès de l'Assemblée. Leur colonel fit emprisonner
onze d'entre eux; le peuple se porta à l'Abbaye et
30 les délivra. L'Assemblée nationale, instruite de cette
violation de la discipline et de la loi, s'interposa,
pour sauver l'une et l'autre; elle obtint du roi la
grâce des gardes françaises délivrés, à condition
qu'ils rentreraient un instant dans leur prison, et
35 elle demanda le renvoi des troupes, dont la pré-

sence irritait les esprits: »Ont-ils observé, s'était
écrié Mirabeau, en parlant des conseillers imprudents
du roi, par quel funeste enchaînement de circonstances les esprits les plus sages sont jetés hors des
5 limites de la modération, et par quelle impulsion
terrible un peuple enivré se précipite vers des excès dont la première idée l'eût fait frémir?«

    Louis XVI entrait dans cette voie funeste; au
lieu de l'éloignement des troupes, on apprend tout
10 à coup le renvoi et l'exil de Necker (11 juillet).
Le lendemain, Paris s'enflamme comme un volcan;
le Palais-Royal retentit d'ardentes colères; un jeune
homme bouillant d'indignation, Camille Desmoulins,
s'élance sur une table, un pistolet à la main: »Ci-
15 toyens, s'écrie-t-il, le renvoi de Necker est le tocsin
d'une Saint-Barthélemy de patriotes! Ce soir même
tous les bataillons suisses et allemands sortiront du
champ de Mars pour nous égorger! Il ne nous reste
qu'une ressource, c'est de courir aux armes.« Les
20 feuilles des marronniers du jardin sont prises pour
cocarde; la foule se précipite chez le sculpteur Curtius,
enlève les bustes de Necker et du duc d'Orléans, les
promène en triomphe et rencontre sur la place Ven-
dôme un poste militaire qui arrête le cortège et
25 tue un garde française. Dans le même temps, le
prince de Lambesc, colonel du Royal-Allemand, fait
une charge jusque dans le jardin des Tuileries, pour
disperser le peuple qui attaque ses soldats à coups
de pierres. Un vieillard est foulé aux pieds des
30 chevaux. Aussitôt le bruit se répand dans la ville
qu'on égorge les citoyens. Le régiment des gardes
françaises sort en armes de la caserne où il est con-
signé, tire sur un détachement du Royal-Allemand,
et prend position sur la place Louis XV. Le baron
35 de Bezenval, qui avait des forces supérieures aux

Champs-Élysées, pouvait les accabler; il était sans
ordre: il n'osa agir et se replia sur la route de
Versailles.

Pendant ces mouvements tumultueux, l'Assemblée
5 faisait, pour le rappel de Necker, des efforts que
Louis XVI repoussa. Le comte de Virieu demanda
qu'en ce moment de grave péril les députés renouve-
lassent leur serment du 20 juin; et quelques nobles
hésitant: »L'adhésion est unanime,« s'écria Mathieu
10 de Montmorency. »La constitution sera, dit le comte
de Clermont-Tonnerre, ou nous ne serons plus.«
Et en même temps, ils envoyaient une adresse au
roi pour demander l'éloignement des troupes. Cette
fermeté calme honorait l'Assemblée. A Paris on
15 allait plus vite et plus loin. Il y avait alors comme
une municipalité nouvelle, formée par des électeurs,
qui remplaçaient l'ancienne dans la confiance popu-
laire. Ces électeurs étaient des citoyens, quelques-
uns fort considérables, qui, l'élection pour la dépu-
20 tation de Paris terminée, avaient continué de se
réunir pour achever la rédaction de leurs cahiers
et avaient même obtenu une salle commune à l'hôtel
de ville. Là, sans mandat, sans titre, par conséquent contre le droit, mais avec une autorité à la-
25 quelle la ville entière obéissait, ils se constituèrent,
le 13 juillet, en corps administratif. Le peuple demandait à grands cris des armes, afin de pouvoir se
défendre contre l'attaque probable des troupes. Les
électeurs décrétèrent qu'il serait formé une garde
30 bourgeoise, d'abord de 200 et bientôt de 400 hommes
par chacun des 60 districts. Mais il fallait des
armes. Toute la journée du 14 se passa à en demander au prévôt des marchands, Flesselles, qui,
pour gagner du temps, deux fois en promit et n'en
35 donna point, amassant ainsi sur sa tête de redou-

tables colères. On fabriqua 50 000 piques en 36
heures, on enleva de l'hôtel des Invalides 30 000 fusils,
des sabres, des canons. Dès le 13, les troupes qui
occupaient les Champs-Élysées, menacées d'une
5 attaque, s'étaient repliées, et les Parisiens étaient
maîtres de la ville où s'élevait la sombre forteresse
tant de fois maudite. *A la Bastille!* devint le cri
général. On y court de tous les quartiers. D'anciens
militaires, Hélie, Hulin, dirigent le peuple; mais un
10 petit nombre ont des armes et peuvent prendre
part à l'action. Le gouverneur, de Launay, n'avait
pour garnison que 114 Suisses ou invalides; cependant
le château était si fort, surtout contre un assaut de
ce genre, qu'il fallut aux assaillants une lutte de
15 plusieurs heures pour s'en emparer. Ils y pénétrèrent
après avoir perdu 153 morts ou blessés[1].

---

1. La haine contre les prisons d'État était si vive qu'après
la publication du livre de Mirabeau contre les lettres de
cachet, où il faisait une peinture affreuse des prisons de
20 Vincennes, le ministre Breteuil, un des protégés de la reine,
afin de gagner un peu de popularité, avait, en 1785, trans-
formé le donjon de Vincennes en un grenier d'abondance.
Mais il admit auparavant les curieux à le visiter, visite
dangereuse, car le peuple, effrayé de ce qu'il avait vu,
25 tint moins de compte d'une prison fermée que de celles
qu'on laissait debout. Il s'en souvint en 1789. Le dernier
article du cahier des députés du tiers, à Paris, portait: »Sur
le sol de la Bastille détruite et rasée, on établira une place
publique au milieu de laquelle s'élèvera une colonne avec
30 cette inscription: *A Louis XVI, Restaurateur de la liberté
publique.*« La Bastille était menacée, condamnée, longtemps avant d'être attaquée. Sa chute retentit au loin.
»Quoique la Bastille ne fût assurément menaçante pour
personne à Saint-Pétersbourg, dit dans ses *Mémoires* M. de
35 Ségur, alors notre ambassadeur dans cette ville, je ne saurais
exprimer l'enthousiasme qu'excitèrent parmi les négociants,
les marchands, les bourgeois et quelques jeunes gens d'une
classe plus élevée, la chute de cette prison d'État et le

Les hommes qui se battent bravement et en face ne tuent pas après la victoire. Mais derrière ceux qu'on appela les vainqueurs de la Bastille, il y avait des bandits qui, les jours précédents, avaient déjà 5 pillé dans la ville, et qui ce jour-là égorgèrent. Hélie, Hulin s'épuisèrent en vains efforts pour sauver les prisonniers. De Launay fut massacré. Le prévôt des marchands Flesselles, le major de Salbray et plusieurs soldats eurent le même sort. Leurs têtes, 10 mises sur des piques, furent promenées dans la ville; la populace commençait à goûter au sang, et la révolution avait sa première *journée*.

---

9. La garde nationale, la cocarde tricolore.

Quand le duc de Liancourt apprit au roi la prise 15 de la Bastille: »Mais c'est donc une révolte? dit-il. — Non, sire, c'est une révolution.« La veille son armée avait été impuissante; aujourd'hui on jetait bas sa forteresse. Les temps étaient accomplis. Le petit-fils de Louis XIV se rendit à l'Assemblée où 20 déjà aussi éclataient des colères. Mirabeau s'adressant aux députés qu'on envoyait en ce moment même au roi, s'était écrié: »Dites-lui bien, dites-lui que les hordes étrangères dont nous sommes investis, ont reçu hier la visite des princes, des princesses, des

---

25 premier triomphe d'une liberté orageuse. Français, Russes, Anglais, Danois, Allemands, Hollandais, tous, dans les rues, se félicitaient, s'embrassaient comme si on les eût délivrés d'une chaîne trop lourde qui pesait sur eux.« Pour que le peuple continuât de fouler aux pieds l'antique forteresse, 30 on voulut que ses pierres servissent à construire le pont de la Concorde et sur son emplacement on éleva, après 1830, la colonne de Juillet.

favoris, des favorites, et leurs caresses, et leurs exhor-
tations, et leurs présents; dites-lui que toute la nuit,
ces satellites étrangers, gorgés d'or et de vin, ont prédit
dans leurs chants impies l'asservissement de la France,
5 et que leurs vœux brutaux invoquaient la destruction de
l'Assemblée nationale; dites-lui que dans son palais
même des courtisans ont mêlé leurs danses au son
de cette musique barbare, et que telle fut l'avant-
scène de la Saint-Barthélemy!« Quand on annonça
10 l'arrivée du roi: »*Le silence du peuple est la leçon
des rois*«, dit l'évêque de Chartres, et il demanda
que le prince fût reçu par l'Assemblée avec un front
sévère. Pourtant, lorsque Louis XVI parut sans
gardes et déclara qu'il ne faisait qu'un avec la na-
15 tion, qu'il se fiait à l'Assemblée nationale, qu'il con-
sentait au renvoi des troupes allemandes, et qu'il
rappelait Necker au ministère, on applaudit avec
transport, et une foule immense le suivit sur la route
de Paris. Il y entra au milieu d'une multitude in-
20 nombrable armée de fusils, de piques, de haches, de
faux, et traînant quelques pièces d'artillerie; mais
pour déguiser la menace tout en montrant sa force,
le peuple avait caché sous des fleurs la bouche et
la lumière de ses canons. Bailly, qui venait d'être
25 nommé maire de Paris, reçut le roi aux portes et
lui remit les clefs de la ville. »Ce sont les mêmes,
dit-il, qui furent présentées à Henri IV. Il avait
reconquis son peuple, sire; c'est le peuple qui a reconquis son roi.« Louis aurait pu ce jour-là encore
30 regagner les cœurs: mais il n'était point l'homme
qu'il fallait pour de pareils temps. La révolution
continua en sa présence. La Fayette, nommé général
de la milice bourgeoise, se hâta de l'organiser. Il
lui donna un nom que Sieyès avait trouvé, celui de
35 garde nationale, et pour cocarde les deux vieilles

couleurs de Paris, le rouge et le bleu, entre lesquelles il plaça le blanc, couleur de la royauté et de
la France. »Prenez-la, disait-il en la donnant; voilà
une cocarde qui fera le tour du monde.«

5

10. Abolition des privilèges (nuit du 4 août).

L'agitation, qui de Paris s'était répandue de
proche en proche dans tout le pays, commençait à
produire des violences. En beaucoup de lieux, les
paysans brûlaient les couvents, les châteaux, pour
10 détruire les anciens titres et les chartes féodales.
Dès les premiers mois de 1789, l'insurrection avait
commencé en Provence. Le Dauphiné, le Beaujolais,
le Mâconnais, la Bourgogne, étaient maintenant par-
courus par des bandes armées, et le désordre s'éten-
15 dait à d'autres provinces. Il devenait urgent de pré-
venir une jacquerie par de grandes réformes. Des
nobles donnèrent l'exemple: le duc d'Aiguillon, le
vicomte de Noailles, Mathieu de Montmorency, pro-
posent le rachat de leurs droits; bientôt, l'émulation
20 gagnant, tous les privilèges tombent: droits seigneu-
riaux, droits de juridiction, dîmes ecclésiastiques,
privilèges des personnes, des provinces ou des villes,
etc. On stipulait, il est vrai, le rachat de tous ces
droits, sauf de ceux qui blessaient la liberté per-
25 sonnelle; mais cette nuit n'en est pas moins mémo-
rable, elle vit naître l'égalité. L'Assemblée ordonna
qu'un *Te Deum* solennel serait célébré dans toutes
les églises en actions de grâces de la destruction
du régime féodal, et le roi ayant accepté le sacrifice
30 des privilégiés, elle lui décerna le titre de Restaurateur de la liberté française.

11. Opposition de la cour; journées des 5 et 6 octobre 1789.

Un des premiers soins de l'Assemblée fut de ré-
diger, à l'exemple du congrès américain, une décla-
5 ration des droits de l'homme et du citoyen, ou l'ex-
posé des principes d'après lesquels serait établie la
constitution. En septembre, les principales dispositions de cet acte étaient déja votées. Ceux qui
avaient voulu diviser le pouvoir législatif entre deux
10 chambres, comme en Angleterre, et donner au roi
le veto illimité, avaient été vaincus. Mounier, Clermont-Tonnerre, Lally-Tollendal, se retirèrent du comité de constitution. C'était comme l'abdication des
membres les plus modérés de l'Assemblée; de part
15 et d'autre l'influence allait passer aux hommes qui
étaient décidés à aller jusqu'au bout dans l'attaque
comme dans la résistance. Autour du roi, et malgré
lui-même, on reprenait l'idée de recourir à la force.
Le régiment de Flandre fut rappelé à Versailles.
20 Breteuil avait même proposé, vers la fin d'août, que
la cour se réfugiât à Metz, au milieu de l'armée de
Bouillé. Louis XVI se refusait à un acte qui eût
commencé la guerre civile, mais les imprudents
amenèrent d'une autre façon la catastrophe.
25 On prêta la grande salle de spectacle du château
aux gardes du corps, pour un repas qu'ils voulaient
donner aux officiers du régiment de Flandre, et auquel furent représentés les autres régiments, même
les régiments étrangers et la garde nationale. Au
30 milieu du festin, le roi paraît, suivi de la reine,
tenant le dauphin dans ses bras. La musique joue
l'air: *O Richard, ô mon roi, l'univers t'abandonne!*
puis les airs étrangers, la marche des Uhlans; les
vins coulent, les têtes se perdent, les dames distri-

2*

buent des cocardes blanches, et la cocarde tricolore
est, dit-on, foulée aux pieds (1er octobre).

Cependant Paris mourait de faim. Un ouragan
de grêle avait, le 13 juillet de l'année précédente,
5 haché une partie de la moisson depuis les bords de
la Charente jusqu'à ceux de l'Escaut. Puis était
survenu un hiver d'une rigueur inouïe: du 25 novembre 1788 au 13 janvier 1789, il avait gelé sans
interruption. Dans plusieurs provinces la disette
10 était réelle; l'agitation, l'inquiétude la changèrent en
famine. Pendant trois mois, Paris vécut au jour le
jour, recevant la veille la farine pour le pain du
lendemain. Quand la nouvelle du festin de Versailles tomba au milieu de la foule affamée, cette
15 provocation téméraire fit éclater l'insurrection. Une
armée de femmes criant: *Du pain!* se réunit et
marche sur Versailles, s'imaginant que l'on aurait
l'abondance, si l'on amenait le roi à Paris. Les
hommes suivent; La Fayette, qui s'était vainement
20 opposé au départ, est lui-même entraîné par l'armée
parisienne. Cette multitude arrive devant la cour
du château; une rixe s'engage avec les gardes du
corps, dès le soir, et recommence le lendemain matin.
La reine, contre laquelle des furieux vocifèrent des
25 paroles de mort, n'est sauvée que par le dévouement
de quelques-uns de ses gardes, qui se font tuer en
défendant sa porte. La Fayette, accablé de fatigue
après une journée et une nuit d'angoisses, avait sur
le matin quitté le château. C'est en son absence
30 qu'il fut forcé et que sept gardes périrent; cinq
hommes du peuple ou gardes nationaux de Versailles
furent tués. La Fayette accourut à temps pour
sauver dix-sept gardes qu'on voulait fusiller, et fit
évacuer l'intérieur des appartements. Mais il fallut
35 que le roi se montrât et promît d'aller à Paris. La

reine voulut l'y suivre. Le voyage n'était pas sans
danger pour elle. La Fayette la conduisit sur un
balcon, et ne pouvant se faire entendre de tous, il
lui baisa respectueusement la main, en signe de ré-
5 conciliation entre la royauté et la révolution; la foule
applaudit; des cris de *Vive la reine!* se firent même
entendre. Quelques moments après, la famille royale
partit au milieu de cette cohue qui la ramenait
comme prisonnière dans sa capitale (5 et 6 octobre).
10 L'Assemblée commit l'impardonnable faute de suivre
le prince à Paris et s'installa dans la chapelle de
l'archevêché, ensuite dans le manège, près des Tuileries. Depuis ce moment, elle se trouva, comme
lui, sous la main de la populace pour qui le succès
15 de l'expédition sur Versailles avait été la fatale ré-
vélation qu'on pouvait remplacer la discussion par
la force et tout dominer, Assemblée ou gouvernement, par une *journée*.

12. Les excès populaires et l'émigration.

20 Déjà de bien coupables excès avaient eu lieu.
On avait vu apparaître ces hommes de sang et de
destruction qui se montrent toujours dans les émo-
tions populaires et qui font tant redouter aux sages
les révolutions même les plus légitimes. Depuis
25 l'hiver, des bandes nombreuses, menaçantes, erraient
dans les campagnes, encombraient les villes. A Paris,
la municipalité avait été forcée d'organiser à Mont-
martre un atelier pour 20000 hommes. C'était une
armée toute prête pour la démagogie. Il fallut la
30 surveiller avec du canon chargé à mitraille. Mais
comment empêcher ces malheureux de descendre un
à un dans la ville? On les y trouvait mêlés à la

populace sur la place de Grève, autour du Palais-
Royal. C'était de cette foule que partaient les cris
de mort; de là que sortaient les porteurs de têtes.
Avant même la réunion des états généraux, le 28 avril,
5 la fabrique de Réveillon, au faubourg Saint-Antoine,
avait été pillée; après la prise de la Bastille, de
Launay et Flesselles avaient été égorgés, puis le
ministre Foulon et l'intendant Bertier; puis les
gardes du roi. Dans les provinces, les paysans ne
10 se contentaient pas toujours de déchirer les titres
féodaux, d'abattre les tours et les ponts-levis, ils
abattaient quelquefois le seigneur: violences à jamais
déplorables, qui ont fait un mal immense à la cause
des libertés publiques. La terreur gagna la cour et
15 les châteaux. Les conseillers les plus imprudents
du roi, le comte d'Artois, son frère, les princes
de Conti, les ducs de Bourbon et d'Enghien, les
Polignac, etc., s'étaient enfuis les premiers, dès le
lendemain de la prise de la Bastille; beaucoup d'autres
20 les imitèrent. Ils laissaient le roi seul au milieu
du peuple dont ils allaient irriter la colère en diri-
geant contre la patrie les armes de l'étranger.
Cependant, s'il y a des actes coupables, il y en
a aussi d'héroïques. Un électeur, Larivière, pour
25 protéger l'intendant Bertier, qui venait d'être arrêté,
monte avec lui dans le cabriolet qui l'amène à Paris.
Maintes fois des fusils, des épées, des sabres, sont
dirigés contre le captif; Larivière le couvre de son
corps. A Paris, la fureur de la foule est au comble;
30 mais nul dans ce peuple ne connaît l'intendant. On
crie que Bertier ôte son chapeau, et vingt fusils
sont braqués sur la voiture; Larivière aussitôt se
découvre. Un autre jour, un garde fançaise sauve
son colonel, le duc du Châtelet, que la populace
35 voulait égorger. »Quel est ton nom? demanda le

duc. — Mon nom, c'est celui de tous mes cama-
rades.« Et parmi ces gentilshommes qui, pour obéir
à un sentiment mal compris de loyauté, quittaient
la France, combien, comme Chateaubriand, qui sen-
5 taient tout ce qu'il y a d'amer dans le pain de
l'étranger et qui emportaient avec eux le cher souvenir de la terre natale, l'amour et l'orgueil du pays!
Un officier français suivait l'empereur François II
à une revue des troupes autrichiennes. Le prince,
10 fier de leur belle tenue, se retourne et lui dit: »Voilà
de quoi bien battre les sans-culottes. — C'est ce qu'il
faudra voir,« répondit l'émigré.

---

13. Double mouvement qui précipite la révolution.

Du 6 octobre 1789 jusqu'au 30 septembre 1791,
15 jour où l'Assemblée nationale se sépara, la France
fut entraînée par deux mouvements contraires. D'une
part, la révolution commencée par tout le monde ou
à peu près, puis quelque temps dirigée par les élèves
de Montesquieu, qui ne demandaient pour la France
20 qu'une constitution calquée sur celle de l'Angleterre,
tendit à passer aux mains des tribuns populaires et
se fit chaque jour plus démocratique. D'autre part,
la cour cacha ses regrets sous une feinte docilité, et
par les soupçons, par les craintes qu'inspira sa con-
25 duite, elle précipita la marche de la révolution, qui
allait devenir implacable.

---

14. Travaux de l'Assemblée: réformes politiques et civiles.

Entre ces deux tendances opposées, l'Assemblée
30 nationale poursuivait le cours de ses travaux, abat-

tant d'une main, édifiant de l'autre, avec une ardeur
quelquefois téméraire, plus souvent bien inspirée.
Par l'énumération des principaux décrets on verra
combien, dans l'ordre civil, la France a gardé de
5 ses réformes.

Après avoir dépouillé la monarchie absolue du
droit de faire la loi, d'établir l'impôt, de décider de
la paix et de la guerre, elle réduisait le monarque
à n'être que le premier des fonctionnaires de l'État,
10 en lui votant une liste civile de 25 millions.

Les cultes dissidents, la presse, l'industrie, le
commerce, étaient délivrés de toute entrave[1].

Le droit d'aînesse, les substitutions, étaient sup-
primés[2]; le partage égal des biens entre tous les
15 enfants rendu obligatoire; la confiscation abolie, en
vertu de ce principe que l'expiation doit être per-
sonnelle comme la faute. Les protestants, les juifs,
étaient admis à jouir de tous les droits civiques et
civils[3]; et les premiers recouvraient ceux de leurs
20 biens qui avaient été incorporés au domaine de
l'État; les mulâtres des colonies obtenaient les droits
civils.

Enfin l'Assemblée abolissait tous les titres, dé-

---

1. La Constituante, préoccupée de l'idée d'assurer à
25 l'individu la plus grande liberté possible, tomba dans un excès
opposé à celui du régime des corporations. Le décret du
17 juin 1791 interdit aux personnes d'une même industrie
d'avoir des intérêts communs. C'était proscrire l'esprit
d'association.
30 2. On appelait *terres substituées* celles qui ne pouvaient
jamais être aliénées.
3. Le mariage, avant 1789, était exclusivement un sa-
crement. Il en résultait que les non-catholiques n'avaient
pas d'état civil. La Constituante fit du mariage un contrat
35 purement civil, effectué par un officier public, et après lequel
seulement l'Église donne la consécration religieuse.

truisait la noblesse et le clergé comme ordres, réduisait les nobles à la condition de citoyens, les prêtres
à celle de fonctionnaires publics; elle établissait
l'égalité des peines et diminuait le nombre des cas
5 entraînant la peine de mort[1]; elle déclarait tous les
Français admissibles aux emplois publics et aux
grades militaires, quelles que fussent leur religion et
leur naissance, tous contribuables en proportion de
leurs facultés; et elle remplaçait les vieilles démar-
10 cations provinciales par la division en départements.
»Le territoire de la France, disait la loi du 28 septembre 1791, est libre dans toute son étendue,
comme les personnes qui l'habitent.«

---

15. Création des départements (15 janvier 1790).

15 Il y en eut d'abord 83, à peu près égaux en
étendue, et dont la circonscription et les dénomina-
tions n'étaient empruntées à aucun des anciens souvenirs, mais à la configuration du sol, aux rivières
et aux montagnes[2]. Chaque département fut divisé

20 1. Après 1830, suppression de la marque, nouvelle di-
minution du nombre des cas entraînant peine de mort, et
création du système des circonstances atténuantes; après 1848,
suppression de l'exposition, de la peine de mort en matière
politique, des bagnes, et, dans la marine, de la cale humide,
25 de la cale sèche, des coups de garcette. En 1857, nouveau
code militaire, adoucissant beaucoup les peines.
2. Les habitants du comtat d'Avignon, sujets du pape,
ayant demandé, le 11 juin 1790, leur union à la France, ce
pays fut déclaré, le 28 septembre 1791, partie intégrante du
30 royaume, et forma le 84e département, celui de Vaucluse.
Les départements du Rhône et de la Loire n'en formaient
qu'un à l'origine. Quand ils eurent été séparés, et qu'on
eut formé, en 1808, celui de Tarn-et-Garonne, le chiffre de
86 fut atteint. L'annexion de Nice et de la Savoie l'avait
35 porté à 89 (1860). Les pertes de 1871 l'ont ramené à 86.

en districts, les districts en cantons, les cantons en
communes ou en municipalités, au nombre de 44828.

---

16. Les biens nationaux, les assignats.

5   On n'avait point encore remédié aux besoins
croissants du trésor. Mirabeau, en montrant aux
portes la *hideuse banqueroute*, avait fait voter d'ac-
clamation, sur la proposition de Necker, un sacrifice
patriotique d'un quart de revenu par tous les citoyens.
10 Ressource passagère. Il fallait davantage. Dans
la fameuse nuit du 4 août, l'évêque d'Uzès avait dit:
»Je voudrais avoir une terre, il me serait doux de
la remettre entre les mains des laboureurs. Mais
nous ne sommes que *dépositaires*. . .« L'Assemblée,
15 considérant en effet les biens du clergé comme un
simple dépôt, décida que ces biens retourneraient à
la nation, qui jadis avait fait le dépôt. Alors le
clergé se prétendit propriétaire, au nom de la pre-
scription, de l'intérêt du culte, des hôpitaux et des
20 pauvres. »Que sont devenues, s'écria l'archevêque
d'Aix, les promesses que vous nous avez faites que
nos *propriétés* seraient inviolables et sacrées?« Mais
le clergé, cessant d'être une corporation, perdait la
qualité de propriétaire; et l'État prenait les biens
25 par droit de déshérence. C'est ce qui fut décidé le
2 novembre 1789, malgré les efforts de Maury et
de Cazalès; les domaines de l'Église furent mis à la
disposition de la nation, et le ministre fut autorisé
à en vendre jusqu'à concurrence de 400 millions, à
30 la condition que l'État pourvoirait d'une manière
convenable aux frais du culte, à l'entretien de ses
ministres et au soulagement des pauvres. Les terres
de la couronne, les propriétés des émigrés, dont on

ordonna plus tard la confiscation (26 juillet 1792),
furent aussi déclarées *biens nationaux*, et ces biens
nationaux devinrent, suivant une énergique expression
du temps, la dot de la constitution.

5   Vendre tous ces biens, les morceler, les distri-
buer à la nation, était un puissant moyen d'attacher
fortement le peuple des campagnes à la révolution.
Pour créer, comme disait Mirabeau, l'armée des intérêts révolutionnaires, il fut décidé que l'État émet-
10 trait un papier-monnaie ayant cours forcé, et qui
serait reçu de préférence pour l'acquisition des biens
nationaux. Ces assignats seraient détruits au fur et
à mesure de leur rentrée dans les mains de l'État.
Ainsi, ne pouvant faire circuler en nature des arpents
15 de terre, on en faisait circuler le signe. Tel est
l'origine des assignats, qui ne devinrent funestes que
par l'abus qu'on en fit (17 déc.). Le clergé, dépouillé
de ses biens, fut indemnisé par un traitement ac-
cordé à tous ses membres, et par des pensions at-
20 tribuées aux religieux dont les couvents furent sup-
primés. 77 millions furent inscrits au budget pour
les dépenses du culte et du personnel de l'Église.

---

17. Réformes judiciaires.

L'Assemblée avait détruit les parlements par
25 un simple décret qui les mettait en vacances indé-
finies, les justices seigneuriales, les prévôtés royales,
les bailliages, les sénéchaussées, et, ce qui était une
faute, la cour des comptes. Mais elle posa le principe fécond de la séparation des pouvoirs adminis-
30 tratif et judiciaire, et elle institua, pour tout le
royaume: un *tribunal de cassation* qui, jugeant les
appels en dernier ressort, eut mission de maintenir

l'unité de la législation et de la jurisprudence; par
département, un *tribunal criminel* qui fut assisté
d'un *jury;* par district, un *tribunal civil;* par canton,
un *juge de paix* et un *bureau de conciliation;*
5 dans les principales villes, des *tribunaux consulaires;*
enfin, pour frapper les délits des grands fonctionnaires publics et pour les crimes contre la sûreté
de l'État, une *haute cour de justice* (mai 1791).
Voulant que la justice découlât toujours de la raison
10 et de la conscience des magistrats, elle exigea que
les jugements fussent motivés; et, pour mettre un
terme au chaos de nos 400 coutumes, elle écrivit
dans la constitution qu'il serait fait »un code de
lois civiles communes à tout le royaume«. Les
15 magistrats ne furent plus nommés à vie, mais élus
pour dix ans: mauvaise mesure qui mettait les juges
dans la dépendance des justiciables.

18. Réformes financières.

L'Assemblée avait aboli les impôts si multipliés
20 et si vexatoires de l'ancien régime, tailles, vingtièmes,
capitation, dîmes, aides sur les boissons, droits d'entrée
et de circulation, gabelle, etc. Mais elle déclara que
chaque citoyen devait contribuer aux dépenses publiques en proportion de ses facultés, et elle décréta
25 l'impôt des patentes pour imposer la richesse née
de l'industrie et du commerce; la contribution mobilière, pour atteindre les revenus mobiliers, la contribution foncière, pour prélever une part des fruits.
Elle conserva, en les simplifiant, les droits d'enregistre-
30 ment, de timbre et d'hypothèque, toujours faciles à
payer et d'ailleurs fondés en droit. Elle renversa
les douanes intérieures, mais conserva celles de la

frontière; et, afin d'encourager l'industrie en même
temps qu'elle la protégeait, elle laissa entrer en franchise dans le royaume les matières premières et les
subsistances. Enfin, dans le but de faciliter les trans-
5 actions, elle décréta un système uniforme de poids
et de mesures que les académiciens français durent
arrêter, en s'entendant avec la Société royale de
Londres.

---

19. La fédération (14 juillet 1790).

10   Ainsi se réalisaient les vœux pour la rénovation
politique et sociale de la France. Malheureusement
la terreur des uns, l'impatience des autres, les crimes
de quelques-uns, firent dépasser le but, et le bel
édifice que les travaux de tout un siècle avaient
15 préparé, s'écroula, pour ne se relever que mutilé
après d'horribles convulsions.

    Au milieu de l'année 1790, bien des nuages, et
quelques-uns sanglants, avaient déjà passé à l'horizon,
mais on croyait encore au succès politique de cette
20 œuvre immense, et il y eut un moment d'universelle
confiance et d'immense espoir à la fête de la Fédération, offerte par les Parisiens dans le champ de
Mars, aplani à cet effet, aux députés de l'armée et
des départements. Depuis novembre de l'année précé-
25 dente, dans les villages, dans les villes, les habitants,
en armes, avaient fraternisé avec les habitants de
la ville, des villages voisins, tous s'unissant, pour la
défense commune, dans la joie de la patrie retrouvée.
Ces fédérations locales se rattachèrent les unes aux
30 autres, et finirent par former la grande fédération
française, qui envoya le 14 juillet 1790, à Paris,
100 000 représentants. Au milieu du champ de

Mars était dressé *l'autel de la patrie;* une foule
immense roulait ses flots dans cette vaste plaine;
La Fayette, nommé commandant de toutes les gardes
nationales du royaume, prêta, le premier, le serment
5 de fidélité à la constitution, que des milliers de voix
répétèrent. Le roi le prononça à son tour, d'une
voix forte: »Moi, roi des Français, dit-il, je jure
d'employer tout le pouvoir qui m'est délégué par la
loi constitutionnelle de l'État, à maintenir la con-
10 stitution décrétée par l'Assemblée nationale et
acceptée par moi, et à faire exécuter les lois.« La
reine était placée dans une tribune de l'École militaire; entraînée par l'enthousiasme général, elle prit
le dauphin dans ses bras et le présenta au peuple,
15 comme pour l'associer au serment de son père. A
ce moment, la pluie, qui n'avait cessé de tomber tout
le jour, s'arrêta, et, par un hasard que les anciens
eussent regardé comme un signe de l'intervention
des dieux, le soleil perça les nuages et inonda de
20 sa lumière l'immense autel où le *Te Deum* était
chanté. D'unanimes et sincères acclamations frap-
paient le ciel. Ce fut le plus beau jour de la révolution, l'esprit de concorde et de fraternel dévouement remplissait tous les cœurs; le soir, on dansa
25 sur l'emplacement de la Bastille. Mais cette grande
fête n'eut point de lendemain.

20. Les clubs: Jacobins, Cordeliers, etc.

La révolution avait fait de si prodigieux progrès,
que partout se formaient pour la discussion des idées
30 nouvelles, des sociétés, des clubs, qui s'efforçaient,
chacun, de pousser l'opinion publique dans leur sens,
et dont quelques-uns commençaient à montrer beau-

coup de violence contre le clergé, contre la cour, contre l'Assemblée même. La plus active de ces sociétés était le club Breton, qui avait quitté Versailles en même temps que le gouvernement, et avait 5 choisi pour lieu de ses séances le couvent des Jacobins, dont plus tard il prendra le nom. Il était encore sous l'influence d'hommes ardents, mais modérés dans leurs vues, les deux Lameth, Duport, Barnave; plus tard Robespierre y régna. Le *club* 10 *de 89* servait de point de ralliement aux hommes du début de la révolution, Sieyès, La Fayette. Mais déjà aussi s'ouvrait, au couvent des *Cordeliers*, le club terrible que Danton dirigeait. La presse excitait l'incendie: Camille Desmoulins dans son jour- 15 nal *les Révolutions de France et Brabant;* le hideux Marat dans *l'Ami du peuple,* où il ne demandait encore que 800 têtes. La province était aussi agitée que Paris; des troubles avaient eu lieu, surtout dans le Midi, plus volcanique, à Marseille, à Valence, à 20 Nîmes, à Montauban, à Toulouse. L'insurrection gagnait l'armée: M. de Bouillé livra un combat sanglant pour ramener à l'obéissance des soldats révoltés dans Nancy contre leurs officiers (août 1790). Necker, voyant son impuissance, donna sa démission 25 (septembre 1790).

21. Mort de Mirabeau (2 avril 1791).

L'Assemblée nationale, quoique le maintien de l'ordre public appartînt, par la constitution, au pouvoir exécutif, se sentait moralement obligée d'inter- 30 poser son autorité plus respectée que celle du roi, pour faire cesser l'anarchie. Mirabeau, qui prenait sur elle un ascendant chaque jour plus grand, com-

mençait aussi, avec une audace et une franchise
qui eussent ébranlé toute autre popularité, à réclamer
la répression des factions. »Je ne voudrais pas,
écrivait-il au comte de la Marck, avoir travaillé
5 seulement à une grande destruction.« Il se rapprochait même de la cour et traitait avec le roi et
la reine, non pour anéantir mais pour arrêter et
consolider la révolution. Il se croyait seul assez
fort, s'il eût été appelé au ministère, pour retenir
10 à la fois deux torrents, celui des passions populaires
et celui des passions aristocratiques. La mort a
épargné cette épreuve à sa gloire. Usé avant l'âge
par tous les excès, il ne cessait de parler, d'écrire,
d'agir, lorsque tout à coup ses forces l'abandonnèrent.
15 Dès qu'on sut qu'un mal très grave menaçait sa vie,
la rue de la Chaussée-d'Antin qu'il habitait fut
encombrée d'une multitude inquiète qui semblait sous
le coup d'une calamité publique. On s'arrachait les
bulletins que le médecin donnait d'heure en heure;
20 il fallut les imprimer à mesure pour satisfaire la foule.
Le roi envoyait tous les jours savoir de ses nouvelles.
La veille de sa mort, le malade entendit un coup
de canon: »Sont-ce déjà les funérailles d'Achille qui
commencent?« Après une nuit alarmante, dès que
25 le jour parut: »Mon ami, dit-il à Cabanis, je mourrai
aujourd'hui. Quand on en est là, il ne reste plus
qu'une chose à faire: c'est de se parfumer, de se
couronner de fleurs et de s'environner de musique,
afin d'entrer agréablement dans le sommeil dont on
30 ne se réveille plus.« Puis il fit approcher son lit
de la fenêtre, contempla avec ravissement l'éclat
d'un soleil printanier et la fraîcheur renaissante de
son jardin. Il expira le 2 avril 1791, à moins de
quarante-deux ans. Une de ses dernières paroles
35 avait été: »J'emporte dans mon cœur le deuil de

la monarchie dont les débris vont être la proie des
factieux.« Toute l'Assemblée nationale, tout Paris,
escortèrent son cercueil jusqu'au Panthéon, où il fut
déposé, et qui fut alors consacré *aux grands hommes*
5 par *la patrie reconnaissante.*

---

22. La constitution civile du clergé.

Mirabeau mort, Louis XVI n'entendit plus de
conseils modérés et d'avis en faveur du régime con-
stitutionnel, qui, du reste, répugnait à toutes ses
10 habitudes et qui était en horreur à la reine. Il
n'était pas blessé seulement comme prince dans son
autorité; il l'était comme homme, dans ses affections,
par les dispositions comminatoires contre les émigrés,
et comme chrétien, dans sa conscience, par les mesures
15 que l'Assemblée avait prises relativement au clergé.
Déjà le clergé avait cessé d'être propriétaire et
de former un ordre à part dans l'État; le nombre
des couvents avait été restreint à un seul du même
ordre dans chaque municipalité; l'émission des vœux
20 monastiques avait été suspendue et la sanction légale
refusée aux vœux antérieurement émis, de sorte que
le lien religieux n'était plus qu'un lien de conscience
et de foi. L'Assemblée alla plus loin encore: elle
réduisit nos 135 archevêchés ou évêchés à 83, un
25 par département, et, comme elle mettait l'élection
dans tout, elle résolut de la mettre aussi dans
l'Église où elle était à l'origine, où elle se trouvait
encore, dans une certaine mesure, avant le concordat
de 1516; elle décréta que les électeurs qui nommaient
30 les administrateurs du département et les députés
de l'Assemblée nationale nommeraient aussi les évêques
et les curés (12 juillet 1791).

Duruy, Histoire de France de 1789 à 1795.   3

Cette *constitution civile du clergé*, à laquelle tous les prêtres furent contraints de prêter serment, troublait la hiérarchie ecclésiastique établie. Elle rendait les évêques presque indépendants du pape, car elle
5 substituait l'institution canonique donné par le métropolitain à l'institution canonique donnée par le saint-père. Le comité ecclésiastique qui proposait cette réforme, tout en voulant fermement que la France restât catholique, empiétait donc sur les attributions
10 que la catholicité entière reconnaissait au souverain pontife. Il y avait dans cette mesure, au point de vue religieux, une contradiction, puisqu'on allait être catholique en France autrement qu'on ne l'était à Rome, sinon pour le dogme, du moins pour la dis-
15 cipline, l'institution canonique et la juridiction spirituelle; et il y avait, au point de vue politique, une grave imprudence, puisqu'on allait permettre aux adversaires du nouvel ordre social »de faire lutter l'enthousiasme de la religion contre l'enthousiasme
20 de la liberté«.

Une partie des provinces se tourna en effet contre la révolution, quand le pape eut défendu le serment (10 mars et 13 avril 1791). La très grande majorité des évêques le refusa; ceux qui le donnèrent
25 formèrent, sous le titre de *prêtres assermentés* ou *constitutionnels*, le clergé reconnu par l'État. L'exercice du sacerdoce fut interdit aux autres. Il y eut alors deux cultes: l'un public, dans les églises désertées des fidèles; l'autre clandestin, dans les lieux
30 écartés, au fond des bois, où la foule accourait, et d'autant plus puissant sur les âmes. Le schisme entra dans l'Église; à sa suite vont arriver les persécutions et la guerre.

En vain un éloquent curé du Poitou fit appel à
35 l'esprit de l'Evangile: »Si, comme l'enseigne l'Apôtre,

disait-il avec saint Bernard, toute personne doit être
soumise aux puissances, il n'y a pas d'exception pour
nous. Qui vous autorise à en faire? Chercher à en
établir, c'est chercher à tromper.... Qu'ils invoquent
5 d'autres lois que les lois du christianisme, ceux qui
aiment mieux se révolter que de souffrir. Le vrai
chrétien n'a qu'un Évangile; il n'y a qu'un Christ.
Ceux qui tiennent un autre langage changent leur
foi en conspiration factieuse et fondent sur la cré-
10 dulité des peuples leur orgueil et leur domination.«
  Mais ces sages conseils ne furent pas entendus;
la révolution avait déjà les nobles pour ennemis;
les prêtres vont maintenant la combattre, et une
guerre civile effroyable couvrira la France de sang,
15 de crimes et de terreur.

---

23. Opposition du roi.

  En même temps que le pape ordonnait la résistance, le roi opposait son veto; il ne le leva qu'au
bout de cinq mois (26 décembre 1790). A ses yeux,
20 comme à ceux de la cour et de l'Europe, il n'était
plus libre, et toute force lui manquait. Représentant
d'un passé chaque jour battu en brèche, quel point
d'appui assuré pouvait-il trouver au milieu de ces
ruines croulantes, puisqu'il n'en voulait pas sincère-
25 ment chercher au sein de l'ordre nouveau? La cour
comptait cependant encore sur la fidélité de l'armée
et sur les souverains étrangers qu'épouvantait le
spectacle de cette révolution prodigieuse qui jetait
au monde entier de si brûlantes paroles et de si redou-
30 tables exemples. On revint donc à l'idée d'une fuite
et de l'appel aux rois. Dès le mois de décembre 1790,

le roi adressait des lettres secrètes à plusieurs puissances.

---

24. Fuite du roi (20 juin 1791).

Le comte d'Artois et le prince de Condé, chefs
de l'émigration, s'occupaient au dehors des moyens
de délivrer Louis XVI; le premier entretenait avec
l'empereur Léopold, de l'aveu du roi, des négociations qui aboutirent à une convention secrète. Les
souverains d'Autriche, de Prusse, de Piémont, d'Espagne, la Suisse même, s'engagèrent à faire avancer
sur les frontières du royaume, pour y entrer à un
signal donné, différents corps d'armée montant à
100 000 hommes (conférence de Mantoue, mai 1791).

Ainsi Louis XVI autorisait le blocus et l'invasion de la France: mais auparavant il voulait être
libre. Les projets d'évasion transpiraient dans le
peuple, fort irrité du départ récent des tantes du roi
pour l'Italie, et qui ne permettait pas que le prince
s'éloignât un instant de Paris, même pour aller à
Saint-Cloud. Il quitta les Tuileries dans la nuit du
20 juin avec la reine, le dauphin, Mme Royale sa fille,
sa sœur Mme Élisabeth, et la gouvernante de ses enfants, Mme de Tourzel. Un vaste carrosse, tenu
prêt d'avance à Bondy, emporta toute la famille sur
la route de Montmédy, le long de laquelle Bouillé
avait reçu l'ordre de disposer des détachements.
Mais à Sainte-Menehould, le roi est reconnu par le
maître de poste Drouet; à Varennes, il est arrêté
par le procureur de la commune; le peuple des campagnes accourt au bruit du tocsin, et le roi est
ramené sous la surveillance de commissaires envoyés
de Paris, où l'on avait appris son évasion quelques

heures après son départ. Parmi ces commissaires
était Barnave, qui, depuis ce jour, essaya de reprendre
le rôle de Mirabeau et de sauver le roi, en défendant la constitution à la cour, et la cour à l'As-
5 semblée.

Louis XVI rentra dans la capitale au milieu
d'une foule immense et silencieuse. On avait pla-
cardé dans beaucoup de lieux cette affiche: »Celui
qui applaudira le roi sera battu, celui qui insultera
10 le roi sera pendu.« Tandis que Louis XVI était
sur la route de Varennes, l'Assemblée, sans se
troubler, avait déclaré que le gouvernement n'était
pas interrompu, que le pouvoir exécutif demeurait
aux mains des ministres, sous la direction de l'As-
15 semblée, que les relations avec les puissances étrangères étaient continuées; enfin que 300000 gardes
nationaux se lèveraient par toute la France pour
défendre le territoire contre les armées ennemies.
Et, ces décrets rendus en quelques heures, elle avait
20 tranquillement repris son ordre du jour, une discussion sur le Code pénal.

---

25. Affaire du champ de Mars (17 juillet 1791).

Le roi fut d'abord suspendu de ses pouvoirs et
placé sous la surveillance d'une garde; mais, quand
25 on discuta, dans l'Assemblée, sa mise en jugement
ou sa déchéance, les constitutionnels, qui y domi-
naient encore, et qui, au dehors, s'étaient séparés
des Jacobins pour former le club modéré des *Feuillants*, firent déclarer seulement que, s'il rétractait
30 à l'avenir son serment de fidélité à la constitution
et se mettait à la tête d'une armée pour faire la

guerre à la nation, il serait considéré comme ayant
abdiqué. Ce n'était déjà plus assez pour ceux qui, en
apprenant la fuite du roi, avaient dit: »Voilà notre
grand embarras parti,« ou bien encore: »Si le roi nous
5 a quittés, la nation reste;« et de ce jour l'idée républicaine, sinon le mot de république, avait osé se produire ouvertement. Une pétition, rédigée en termes
violents par les Cordeliers et les Jacobins, et qui som-
mait l'Assemblée de prononcer la déchéance de Louis,
10 fut portée sur l'autel de la patrie, au champ de
Mars, pour y recevoir des signatures. Le dimanche
17 juillet, une foule considérable accourut de Paris
et des environs. Les clubs s'agitaient; Santerre
ameutait les hommes des faubourgs. L'Assemblée,
15 inquiète de cette manifestation qui allait lui imposer
des ordres, enjoignit au commandant général des
gardes nationales et au maire de Paris de pourvoir
à sa sûreté et de dissiper le rassemblement. La
Fayette fit entrer ses troupes au champ de Mars. et
20 les rangea au pied de l'École militaire; Bailly amena
les siennes par l'autre bout, du côté de Chaillot:
on les reçut à coups de pierres. Un homme tira
sur La Fayette, un autre sur Bailly. Le maire dé-
ploya le drapeau rouge et proclama la loi martiale.
25 Une première décharge à poudre étant restée sans
résultat, une seconde à balles jeta par terre des
morts et des blessés. Les énergumènes se souvien-
dront de ce premier sang versé pour le maintien de
l'ordre public, et Bailly payera de sa tête cet acte
30 de fermeté, légal et nécessaire.

26. Le roi rétabli dans ses fonctions (14 septembre).

L'Assemblée, fatiguée par ses longs travaux, dé-
sirait sa retraite, que des voix impérieuses récla-
maient au dehors. Elle s'empressa d'achever la con-
5 stitution. Le 14 septembre, le roi, jusqu'alors retenu
aux Tuileries comme prisonnier, l'accepta et en jura
solennellement l'observation. L'Assemblée lui rendit
ses pouvoirs; mais pouvait-elle lui rendre l'autorité
morale qu'il avait perdue, et lui-même pouvait-il
10 imposer à son entourage sa volonté de vivre loyale-
ment avec les nouvelles lois?

---

27. Constitution de 1791.

Cette constitution donnait le pouvoir législatif à
une Assemblée unique et permanente que le roi
15 n'avait pas le droit de dissoudre et que des élections générales renouvelaient tous les deux ans. Cette
assemblée avait seule l'initiative des lois et le droit
de guerre; elle laissait au monarque, avec le pouvoir
exécutif, la faculté de suspendre pendant quatre ans
20 les volontés nationales, excepté dans les questions de
finances (droit de veto). Le corps électoral était
divisé en assemblées primaires, qui, réunies aux chefs-
lieux de canton, nommaient les électeurs, et en assemblées électorales qui nommaient les *députés* à l'As-
25 semblée nationale, les *administrateurs* du département, ceux du district, et les *juges* des tribunaux.
Les premières comprenaient les citoyens actifs, c'est-
à-dire les citoyens âgés de vingt-cinq ans au moins,
inscrits sur les rôles de la garde nationale, domi-
30 ciliés de fait depuis un an dans le canton, et payant
une contribution directe égale à la valeur locale de

trois journées de travail. Les secondes étaient for-
mées des citoyens propriétaires, usufruitiers ou loca-
taires d'un bien donnant un revenu égal à la valeur
locale de cent cinquante à deux cents journées de
5 travail. Tous les citoyens actifs étaient éligibles.
Les domestiques étaient exclus des assemblées primaires.

La constitution de 1791, avec ses deux millions
d'électeurs, était odieuse à la cour et à l'Europe
10 comme trop révolutionnaire; mais elle l'était aussi
aux doctrinaires républicains, surtout depuis le 17
juillet, comme trop aristocratique. Les uns lui reprochaient d'avoir ruiné tous les abus; les autres,
d'avoir marqué une limite, quelque bas qu'elle l'eût
15 placée, à l'exercice des droits politiques.

28. Clôture de la Constituante (30 septembre 1791).

La Constituante finit dignement par des paroles
de liberté et de concorde. Elle proclama une am-
nistie générale, supprima les entraves mises à la
20 circulation et effaça, pour rappeler les émigrés à la
patrie, toutes les lois d'exception; mais ils ne l'en-
tendirent pas.

La Constituante n'avait pas compté avec le temps,
ce grand maître des choses humaines; elle a droit
25 pourtant, malgré ses erreurs, à notre reconnaissance;
car, si ses réformes politiques ont péri, presque
toutes ses réformes civiles ont survécu, consacrées
par le Code-Napoléon, dont les auteurs ont suivi
les grands principes qu'elle avait posés.
30 Parmi ses membres s'étaient particulièrement
signalés: Sieyès, Mounier, Malouet, Cazalès, Maury,
Barnave, les deux Lameth, Lally, Duport et surtout

Mirabeau, qui, s'il eût vécu, eût peut-être réconcilié la royauté et la révolution. Elle est de Mirabeau, cette belle formule de l'ère nouvelle qui semblait s'ouvrir pour les peuples: »Le droit est le souverain du monde.«

5 La Constituante avait interdit, sur la proposition de Robespierre, la réélection de ses membres, désintéressement imprudent qui allait priver l'Assemblée nouvelle des lumières et de l'expérience si chèrement acquises par les vétérans de la révolution.

10 # LIVRE II.

ASSEMBLÉE LÉGISLATIVE (1791-1792).

1. L'Assemblée législative (1er octobre 1791-21 septembre 1792).

L'Assemblée législative, si pâle entre ses deux
15 grandes et terribles sœurs, la Constituante et la Convention, commença ses séances le 1er octobre 1791, et les termina le 21 septembre 1792. Elle fut une transition entre la monarchie limitée des *Constitutionnels* et la dictature des *Montagnards*. Ses me-
20 neurs, les *Girondins*[1], Brissot, Pétion, Vergniaud,

---

1. Les Girondins étaient ainsi nommés, parce que dans leurs rangs se distinguaient par leur brillante éloquence les députés de la Gironde Vergniaud, Guadet et Gensonné. Les républicains exaltés étaient appelés Montagnards, parce
25 qu'ils siégeaient à l'Assemblée sur les bancs supérieurs du côté gauche. Les Feuillants, ou royalistes constitutionnels, siégeaient à droite.

Guadet, Gensonné, Ducos, Isnard, Valazé, travail-
lèrent en effet à renverser la royauté, mais en laissant aux partis extrêmes l'initiative de la république,
que ceux-ci firent sanglante, et qu'on a pensé, peut-
5 être à tort, qu'ils auraient faite modérée.

---

2. Mesures plus sévères contre les prêtres non assermentés et les émigrés.

L'esprit de l'Assemblée nouvelle se révéla dès le
début par la discussion qui s'éleva pour savoir si
10 les noms de *sire* et de *majesté* continueraient d'être
donnés au roi. Mais bientôt de plus graves objets
l'occupèrent; trois grands dangers menaçaient la révolution: les prêtres non assermentés qui, par leur
refus de prêter le serment civique, devenaient des
15 causes de troubles dans les provinces; les émigrés,
qui avaient fait de Bruxelles, de Worms et de Coblentz des foyers d'intrigues contre le pays; enfin
les puissances étrangères, qui, sans cesse obsédées
par eux, dévoilèrent hautement leur intention de
20 rétablir Louis XVI dans ses droits par la fameuse
déclaration de Pillnitz, signée du roi de Prusse et de
l'empereur Léopold (27 août 1791). La Constituante,
comprenant combien il était difficile que l'esprit de
sacrifice qui avait rendu immortelle la nuit du 4 août,
25 devînt une règle de conduite pour tous ceux que la
révolution blessait, avait refusé d'entrer dans la voie
des lois exceptionnelles. Elle avait menacé, mais
sans frapper. La Législative frappa. Tout prêtre
non assermenté sera privé de son traitement; les
30 émigrés qui ne rentreront pas dans un délai fixé
seront déclarés conspirateurs, et les revenus de leurs
biens seront perçus au profit de la nation, »sans

préjudice toutefois des droits de leurs femmes, de leurs enfants et de leurs légitimes créanciers[1].« Les lois de proscription commençaient; elles ne s'arrêteront pas.

---

5   **3. Déclaration aux puissances étrangères.**

Quant aux puissances, voici en quels termes l'Assemblée convia le roi à leur répondre: »Dites-leur que partout où l'on souffre des préparatifs contre la France, la France ne peut voir que des
10 ennemis; que nous garderons religieusement le serment de ne faire aucune conquête; que nous leur offrons le bon voisinage, l'amitié inviolable d'un pays libre et puissant; que nous respecterons leurs lois, leurs usages, leurs constitutions, mais que nous vou-
15 lons que la nôtre soit respectée. Dites-leur enfin que si des princes d'Allemagne continuent de favoriser des préparatifs dirigés contre les Français, les Français porteront chez eux, non pas le fer et la flamme, mais la liberté! C'est à eux de calculer
20 quelles peuvent être les suites de ce réveil des nations.« (29 novembre 1791.) Le roi transmit aux puissances étrangères les invitations de retirer leurs troupes des frontières françaises; mais elles déclarèrent, par l'organe de M. de Kaunitz, »la légitimité de la ligue

---

25   1. Ces lois contre les émigrés étaient renouvelées de l'ancien régime. Le cardinal de Lorraine, après l'édit de Châteaubriant, de 1551, avait fait prononcer la confiscation des biens contre ceux qui sortaient du royaume pour cause de religion. Même chose en 1685. On se rendait bien compte
30 de ce que faisait l'Assemblée. »Ce n'est pas une loi, disait Mallet-Dupan, à propos de la loi du 28 mars 1792 contre les émigrés, c'est une batterie de canons qu'elle a déchargée sur ses ennemis.« La lutte à mort commençait.

des souverains réunis pour la sûreté et l'honneur
des couronnes.« Ainsi, il n'y avait plus à en douter,
les rois se coalisaient contre la France et allaient
commencer cette épouvantable guerre de vingt-trois
5 années, qui ne fut pour eux, si ce n'est au dernier
jour, qu'une longue suite de désastres, mais qui fit
dévier la révolution de ses voies pacifiques, qui
exalta les passions en même temps que l'héroïsme,
qui couvrit la France de sang autant que de gloire.

---

10   **4. Ministère girondin (mars 1792).**

A l'approche de la guerre, Louis XVI fut obligé
d'appeler les Girondins au ministère; Servan fut mis
à la guerre, Dumouriez aux affaires étrangères. Ce
dernier était un très habile homme, plein de res-
15 sources, mais qui avait malheureusement vécu cinquante ans au milieu des intrigues et qui manquait
de principes; en ce moment il était Girondin. Le
portefeuille de l'intérieur fut remis à l'intègre Roland, dont la femme a mérité une place parmi les
20 noms fameux de la révolution. Quand Roland vint
la première fois à la cour, il s'y présenta en chapeau
rond avec des cordons aux souliers. Le maître des
cérémonies crut rêver, il ne voulait pas le laisser
entrer; il fallut pourtant bien laisser passer un
25 ministre. Se tournant vers Dumouriez: »Eh! monsieur, point de boucles à ses souliers! s'écria au
désespoir le gardien de l'étiquette. — Ah! monsieur,
tout est perdu,« répondit gravement Dumouriez.

---

5. Premiers revers; journée du 20 juin 1792.

La guerre fut déclarée[1] solennellement le 20
avril 1792 par Louis XVI à l'empereur. Dumouriez
voulut prendre l'offensive. Il comptait enlever aisé-
5 ment les Pays-Bas, récemment révoltés contre la
maison d'Autriche. Mais le début fut malheureux;
car il n'y avait nulle confiance entre les soldats et
les officiers, les premiers croyant toujours à la trahison
des seconds. Deux corps d'armée prirent la fuite;
10 un d'eux égorgea son général, Dillon. Grand effroi
à Paris; l'Assemblée vote la formation d'un camp de
20 000 hommes sous la capitale et prononce la peine
de la déportation contre les prêtres non assermentés.
Le roi refuse de sanctionner cette dernière mesure,
15 et congédie ses ministres girondins. Aussitôt Vergniaud l'attaque à la tribune, en donnant à entendre
qu'il favorise les progrès des Autrichiens, et l'Assemblée envoie aux quatre-vingt-trois départements une
lettre de Roland au roi, lettre dure, et qui montrait
20 nettement que tout le mal de la situation était dans
les défiances réciproques du prince et de l'Assemblée. Ce moment fut, en effet, le dernier où Louis
aurait pu encore sauver sa couronne, en se mettant
résolument à la tête de la révolution. Loin de là,
25 il expédiait alors un agent secret, Mallet-Dupan,
aux coalisés. On ignorait cette mission; mais nul
ne doutait que »le comité autrichien« formé autour
de la reine ne correspondît avec les ennemis. Pétion
était maire de Paris. Républicain, il laissa partir

30 1. Le prétexte des armements de l'empereur avait été son
devoir de défendre les droits des princes allemands posses-
sionnés en France, dans l'Alsace, la Lorraine, la Franche-
Comté, et dont les privilèges féodaux avaient été abolis
comme ceux de toute la noblesse.

de l'hôtel de ville les plus violentes motions contre
la royauté. Ces motions, grossies encore dans les
clubs, étaient de là répandues dans le peuple par
les mille voix de la presse, surtout par le journal
5 de Marat, qui commençait sa sanguinaire dictature
et désorganisait tout, en semant partout le soupçon.
La foule ne résista pas longtemps à cet appel, que
semblaient justifier et les menaces des émigrés et
l'insuffisance des mesures prises pour la défense du
10 territoire.

Le 20 juin, la populace, armée de piques, s'assemble
sous prétexte de fêter l'anniversaire du serment du
Jeu de Paume, et, conduite par le brasseur Santerre,
s'avance vers l'Assemblée, qui commet la faute de
15 lui ouvrir ses portes et la laisse défiler devant elle
en chantant le fameux *Ça ira*, aux cris de *Vive
la nation!* De là cette cohue marche aux Tuileries,
y pénètre violemment, et somme Louis XVI de
sanctionner les décrets. Le roi, pressé dans une
20 embrasure de fenêtre, presque étouffé, monte sur
une table et se laisse coiffer du bonnet rouge, que
les Jacobins avaient adopté. Le peuple, satisfait,
se retire sans avoir pourtant arraché la sanction des
décrets. Louis avait montré dans cette fatale jour-
25 née, qui inaugurait le règne de la force, une noble
fermeté. La Fayette, commandant une des armées
à la frontière, demanda en vain justice pour cette
violation de la demeure royale. Proscrit lui-même
deux mois après, il fut forcé de quitter son armée
30 et la France. Il avait été la dernière espérance des
constitutionnels: sa fuite annonçait le triomphe des
républicains.

6. Manifeste du duc de Brunswick; journée du 10 août 1792.

Cependant toute la France était émue; les fédérés des départements accouraient pour former le camp
5 sous Paris; les plus exaltés, les Marseillais, s'arrêtèrent dans la capitale, où ils apportèrent le chant fameux qui a pris leur nom. Les chefs des Cordeliers et des Jacobins, Danton, Marat, profitèrent de leur présence pour livrer à la royauté un dernier
10 combat. Une nouvelle imprudence des alliés vint les servir à point. Le 26 juillet 1792, le duc de Brunswick, général de l'armée prussienne, avait publié un manifeste pour annoncer qu'il venait, au nom des rois, rendre à Louis XVI son autorité.
15 Il menaçait de traiter comme rebelles les villes qui oseraient se défendre, de faire fusiller les habitants pris les armes à la main, et, si les Tuileries étaient insultées, de livrer Paris à une exécution militaire.

Le défi fut accepté; une pétition, signée par les sec-
20 tions (9 août), demanda la déchéance du roi, et la déchéance avant la fin du jour, ou bien on attaquerait le château. A minuit, le tocsin sonne et on tire le canon d'alarme; le peuple des quartiers Saint-Marceau et Saint-Antoine s'assemble, et le matin,
25 bien pourvu de canons, de fusils et de cartouches, avec plusieurs sections de la garde nationale, il enveloppe les Tuileries[1]. Louis XVI, entouré des Suisses, de quelques nobles et gardes nationaux,

---

1. La grande cour des Tuileries était alors séparée de
30 la place du Carrousel par un mur au milieu duquel il y avait une porte cochère, et divisée par d'autres murs intérieurs en trois parties avec communication au pied du château: au midi, la cour de Flore; au centre, la cour royale; au nord, la cour de Marsan.

pouvait se défendre; mais les derniers passent au
peuple, l'assassinat de l'énergique commandant Mandat désorganise la résistance, et le roi se décide,
avant que l'attaque commence (8 heures et demie du
5 matin), à se réfugier au sein de l'Assemblée. Il s'y
rend avec toute sa famille, non sans péril; et comme
l'Assemblée ne pouvait légalement délibérer en présence du roi, on lui donna asile dans la loge du
logographe, où il resta deux jours.   Cependant des
10 ordres contradictoires paralysent l'ardeur des Suisses
et des nobles demeurés dans le château, qui après
un combat court et sanglant est envahi et saccagé.
Ses défenseurs furent égorgés dans les appartements,
dans le jardin, dans les rues voisines: 2000 per-
15 sonnes périrent. Les vainqueurs vinrent défiler en
triomphe devant l'Assemblée, en lui dictant deux
ordres: déchéance du roi, convocation d'une Convention nationale. Elle obéit au second, non au
premier, laissant cette responsabilité à ses succes-
20 seurs, et se contenta de suspendre le pouvoir exécutif. L'émeute comptait donc une nouvelle victoire,
et le peuple s'habituait à substituer les coups de
main au jeu régulier des institutions, habitude qui
nous a valu vingt révolutions en 80 ans. L'Angle-
25 terre a procédé autrement. Depuis 1688, elle n'a
eu, au lieu d'insurrections sanglantes, que des chan-
gements de ministres: chacun, en haut comme en
bas, y a pratiqué le respect de la loi et on y a tout
attendu de la discussion, rien de la force.
30   Louis XVI sortit de l'Assemblée pour être conduit à la prison du Temple. Un parti sans scrupule, celui de la Commune[1], devenait le maître; il

1. C'est-à-dire celui dont les chefs avaient su se faire
élire à toutes les charges municipales de Paris, et qui, par
35 conséquent, avait les moyens de soulever à son gré le peuple

avait à sa tête Danton, ministre de la justice, le
Mirabeau de la populace. Les dangers du dehors
changèrent son énergie en fureur.

---

7. Prise de Longwy et de Verdun; massacres de
5 Septembre (1792).

Les Prussiens venaient de prendre Longwy; le
bruit se répand qu'ils sont dans Verdun, qu'ils fran-
chissent la Meuse, qu'ils s'ouvrent la Champagne.
On propose dans l'Assemblée de se retirer au delà
10 de la Loire. Danton démontre que livrer Paris, c'est
livrer la France. Comme on tirait le canon, il s'écrie:
»Le canon que vous entendez n'est pas le canon
d'alarme, c'est le pas de charge sur les ennemis de
la patrie. Pour les vaincre,. pour les atterrer, que
15 faut-il? de l'audace, encore de l'audace, et toujours
de l'audace.« Mais Danton poussait l'audace jusqu'au crime. Il crut qu'avant d'aller vaincre les
ennemis du dehors il fallait exterminer ceux du de-
dans, au moins *faire peur aux royalistes.* C'est alors
20 qu'il ordonna ou laissa ordonner par le comité de
surveillance, dont Marat était membre, ces affreux
massacres des 2, 3, 4, 5 et 6 septembre, qui ensan-
glantèrent toutes les prisons de Paris. Une bande
de quatre à cinq cents égorgeurs, soudoyés par la
25 Commune, s'empara des prisons. Les uns se constituèrent en tribunal, les autres servirent de bourreaux. On appelait les prisonniers, suivant l'ordre
du registre d'écrou, et, après quelques questions, ils

---

et de le jeter sur le château, comme au 10 août, ou sur
30 l'Assemblée, comme il arriva plus tard au 31 mai et au
2 juin 1793.

étaient mis en liberté au cri de: »Vive la nation!«
ou conduits dans la cour de la prison et dépêchés
à coups de sabre, de pique, de hache et de massue.
Il n'y eut point de pitié pour les prêtres non asser-
5 mentés, les Suisses, les gardes du corps, les royalistes avoués. La princesse de Lamballe, l'amie de
la reine, fut déchirée en lambeaux et sa tête pro-
menée dans les rues, jusque sous les fenêtres de la
prison du Temple. Après avoir égorgé les prison-
10 niers politiques, ils égorgèrent les prisonniers de
toute classe; à la Salpêtrière, des femmes; à Bicêtre,
des pauvres, des fous, des enfants. Le chiffre des
morts s'éleva à 966. A Reims, à Meaux, à Lyon,
à Orléans il y eut aussi des victimes; à Versailles,
15 46. L'Assemblée, terrifiée et impuissante, n'avait
rien su arrêter. La révolution, commencée au nom
des principes de justice et de liberté, venait de se
laisser marquer d'une tache de sang ineffaçable.

8. Victoire de Valmy (20 septembre 1792).

20   Mais le courage de nos soldats permet de dé-
tourner les yeux de ces abominables scènes pour
contempler une des plus heureuses victoires de nos
longues guerres. Quelques jours après les massacres,
Dumouriez, à la tête de la jeune armée française, ga-
25 gnait la victoire de Valmy. 160000 Prussiens et
Impériaux étaient partis de Coblentz le 10 juillet,
divisés en plusieurs corps. La France n'avait à leur
opposer que 96000 hommes sans discipline, sans
confiance en eux-mêmes ni en leurs chefs, et qui, il
30 faut bien le dire, car les armées fermes et solides
ne s'improvisent point, n'eussent pu empêcher l'ennemi d'arriver jusqu'à Paris, si l'ennemi eût été

habile et la marche prompte. Le 22 août il n'était
qu'à Longwy, dont il s'empara: Verdun ouvrit ensuite ses portes. Le commandant Beaurepaire voulait
se défendre. Le conseil municipal s'y opposa: »J'ai
5 juré, s'écria Beaurepaire, de sauver la place ou de
périr: je tiendrai mon serment!« et il se fit sauter
la cervelle. (2 sept.) Un soldat refusa aussi d'accepter pour lui-même la capitulation. A l'approche
des Prussiens, il déchargea sur eux son fusil. Saisi
10 aussitôt, il fut laissé libre, quoique gardé à vue, en
attendant qu'on décidât de son sort. C'était un beau
jeune homme au regard assuré, à la contenance calme
et fière. Près du poste où on le gardait était un
pont de la Meuse; il gravit le parapet, reste un in-
15 stant immobile, puis se précipite dans le gouffre et
y meurt. Voilà où les âmes étaient alors montées.

Ces actes d'héroïque énergie firent-ils réfléchir
Brunswick? Il ne trouvait pas la France telle que
les émigrés la représentaient; et quoiqu'il n'y eût
20 pas une seule place forte entre son armée et Paris,
il hésitait à s'enfoncer au milieu de ce peuple irrité.
Il s'étendit lentement derrière la Meuse; Dumouriez
eut le temps d'accourir, et montrant à ses lieutenants les défilés de l'Argonne: »Voilà les Thermo-
25 pyles de la France,« dit-il. Il les occupa, forma en
arrière deux camps retranchés sous Reims et Châlons, un autre à Meaux, où l'on recevait les soldats
qui accouraient de tous côtés. Deux mille volontaires sortaient chaque jour de Paris.

30 Cependant un des défilés fut forcé; la route de
Châlons était libre. Dumouriez, au lieu de se réfugier sous cette ville, persiste à rester dans l'Argonne,
pays de facile défense, et à s'établir au besoin sur
les derrières des Prussiens. Ceux-ci s'arrêtent pour
35 le combattre. Kellermann venait de le rejoindre.

4*

L'effort principal porta sur la butte de Valmy, où
Kellermann avait pris position avec ses conscrits,
que les émigrés appelaient des tailleurs et des cordonniers; mais il se trouva que ces courtauds de
5 boutique respiraient, comme de vieux soldats, l'odeur
de la poudre. Ces conscrits supportèrent le feu avec
un sang-froid sur lequel l'ennemi ne comptait pas.
L'action ne fut guère qu'une canonnade de plusieurs
heures. Les obus ayant mis le feu à quelques cais-
10 sons des batteries françaises, l'explosion blessa ou
tua beaucoup de monde, et il y eut un moment de
désordre. Brunswick en profita pour lancer son in-
fanterie en colonnes d'attaque. Kellermann les laisse
avancer sans tirer un coup de feu, puis se met au
15 premier rang, et, au cri de *Vive la nation!* que
toute la ligne répète, s'apprête à charger l'ennemi à
la baïonnette. Ce cri immense qui se prolonge pendant plusieurs minutes, cette fière attitude, arrêtent
les Prussiens; le canon de Dumouriez laboure le
20 flanc de leur colonne; ils redescendent à la hâte et
Brunswick fait cesser l'action (20 septembre).

Le lendemain de Valmy, la Convention se réu-
nissait et proclamait la république. Sa première réponse aux négociations proposées par Brunswick fut
25 digne du vieux sénat de Rome: »La république
française ne peut entendre aucune proposition avant
que les troupes prussiennes aient entièrement évacué
le territoire français.« Les Prussiens, cruellement
décimés par la disette et les maladies, commencè-
30 rent le 1er octobre leur mouvement pour sortir de
France.

9. Défense de Lille: victoire de Jemmapes.

Pendant que Dumouriez arrêtait à Valmy l'armée d'invasion, mais la poussait mollement dans sa retraite, Custine, le long du Rhin, avait pris l'offensive,
5 enlevé Spire, Worms, même la grande ville de Mayence. Sur les Alpes, Montesquiou conquit la Savoie, et Anselme le comté de Nice. Aux Pays-Bas, les Autrichiens avaient attaqué Lille avec une barbarie sauvage; ils y avaient lancé six jours du-
10 rant des bombes et des boulets rouges, qui y brûlèrent quatre cent cinquante maisons, en endommagèrent sept à huit cents, mais ne purent vaincre la constance de cette patriotique cité (29 sept.-7 oct.). On vint dire sur le rempart à un canonnier que sa
15 maison brûlait: »Mon poste est ici, dit-il, feu pour feu;« et il continua de servir sa pièce. Dumouriez arrivait avec l'armée de Valmy pour venger cette cruauté inutile. Il gagna la bataille de Jemmapes (6 novembre), qui nous donna les Pays-Bas. Le
20 13 novembre il entrait à Bruxelles. Un de ses lieutenants à Valmy et à Jemmapes avait été le fils du duc d'Orléans, plus tard le roi Louis-Philippe.

Ainsi, dès la première campagne, la France nouvelle, formant sous le feu ses jeunes soldats, repous-
25 sait l'attaque des rois et mettait la main sur des terres à demi françaises que Louis XIV lui-même n'avait pu saisir.

A Valmy, le grand poète de l'Allemagne, Gœthe, se trouvait dans l'armée prussienne, non comme soldat,
30 mais en curieux, car c'était moins une guerre que les coalisés croyaient faire qu'un voyage à Paris, une course rapide et au bout une entrée triomphale. Il partageait leur confiance présomptueuse; le canon de Valmy dissipa cette fumée. Le soir, au bivac, on

demandait au poète de chasser avec sa verve ordi-
naire les sinistres pressentiments qui déjà s'éveillaient.
Mais ils l'avaient saisi lui-même; il resta longtemps
silencieux. Lorsqu'il parla enfin, sa voix était grave,
5 solennelle, et il ne dit que ces mots: »En ce lieu
et dans ce jour, commence une nouvelle époque pour
l'histoire du monde.«

LIVRE III.

LA CONVENTION (1792-1795).

10   ### 1. Convention nationale.

La royauté avait succombé le 10 août. La Convention n'avait plus qu'à écrire dans la loi ce qui
existait déjà dans les faits: son premier acte fut de
proclamer la république. Mais les vainqueurs se
15 divisèrent; deux grands partis se disputaient la direction de l'Assemblée: les *Girondins*, qui avaient
eu la prépondérance dans la Législative et qui la
gardèrent quelques mois encore dans la Convention;
les *Montagnards*, qui la domineront après le 31 mai.
20 Les premiers l'emportaient par l'éloquence et le savoir;
les seconds avaient plus de passion et d'audace. Nour-
ris des idées de Jean-Jacques Rousseau, ils rêvaient
pour la France du dix-huitième siècle les rudes vertus
des beaux temps de Rome et de Sparte; et dût la

société périr dans cette épreuve, ils voulaient lui appliquer leurs théories. Entre les Girondins et les Montagnards, qui représentaient plus particulièrement les intérêts et les passions de la bourgeoisie et du
5 peuple, était la *Plaine*, composée d'hommes modérés et faibles, qui formaient l'appoint de la majorité. Dans les tempêtes publiques, c'est malheureusement le lot de la modération timide.

2. Mort de Louis XVI (21 janvier 1793).

10 Après la journée du 10 août, la famille royale avait été enfermée au Temple, sombre forteresse dont la grande tour lui servit de prison. Le roi occupait un étage; la reine, Madame Élisabeth, le jeune dauphin et sa sœur en occupaient un autre. Ils se réu-
15 nissaient pendant le jour. A neuf heures, on déjeunait dans la chambre du roi. A dix, le roi travaillait avec son fils, la reine avec sa fille. A une heure, si le temps le permettait, toute la famille descendait au jardin. La promenade finissait à deux
20 heures. Alors le dîner était servi. Le roi prenait ensuite quelque repos. Après son sommeil, on faisait une lecture en commun. Enfin, venait le souper, puis la séparation, toujours douloureuse, parce que l'adieu de chaque soir pouvait être le dernier. Toute
25 relation avec le dehors était sévèrement interdite. Un seul domestique, Cléry, faisait le service de l'intérieur de la prison, sans en sortir jamais; et les prisonniers ne pouvaient apprendre que ce qu'il leur était douloureux de connaître, comme la mort de
30 leurs plus fidèles serviteurs ou les victoires de la république, qui leur ôtaient toute espérance. Telle fut, durant cinq mois, sous une surveillance pénible,

souvent outrageante, l'existence de la famille royale
au Temple. Louis XVI, plus fait pour la vie privée
que pour le trône, montra, dans cette captivité, un
calme et des vertus qui souvent attendrirent les
5 plus farouches geôliers.

La constitution déclarait le roi inviolable et n'autorisait d'autre peine contre lui que la déchéance.
Or la déchéance était déjà prononcée; le droit légal
était donc épuisé contre Louis. Mais la situation
10 était extrême: l'Angleterre menaçait; les Autrichiens
allaient faire de plus grands efforts et une coalition
de l'Europe entière était imminente. Il y a aussi
comme une ivresse de péril; les esprits qu'une mo-
ralité inflexible ne retient pas s'exaltent et se perdent
15 en face du danger. Danton prononça dans l'Assemblée ces sinistres paroles: »Jetons-leur en défi une
tête de roi,« et la Convention, se faisant accusatrice
et juge, cita le roi à comparaître par-devant elle
(3 décembre). Le vénérable Malesherbes, pour cou-
20 ronner une belle vie par une belle action, demanda
et obtint l'honneur de défendre son ancien maître[1].
Un jeune avocat, de Sèze, porta la parole: »Je
cherche en vous des juges, s'écria-t-il, et je ne vois
que des accusateurs.« Saint-Just et Robespierre ac-
25 ceptaient la question ainsi posée. Ils ne s'inquié-
taient pas de savoir si les accusations contre le roi
étaient fausses ou vraies; ils demandaient tout haut

---

1. »Malesherbes avait présenté au roi, en 1787, un mé-
moire montrant l'urgence des réformes, si l'on voulait con-
30 jurer des catastrophes prochaines. Il n'avait pas été écouté;
mais en 1793, un jour qu'il vint au Temple, le roi se rap-
pela ses paroles et voulut les relire. Malesherbes s'y refusa
longtemps, sachant bien quels regrets inutiles elles soulève-
raient. Louis insistant, il lui apporta ce travail. Quand il
35 revint le lendemain, le roi se jeta en pleurant dans ses
bras.« (Saint-Marc Girardin, *Études sur Rousseau.*)

sa mort comme une mesure de salut public. Les Girondins ne firent que de timides efforts pour le sauver.

Quatre questions avaient été successivement soumises au vote: 1° Louis est-il coupable de conspiration contre la liberté publique et d'attentat contre la sûreté générale? Oui, à l'unanimité; 2° Y aurat-il appel au peuple? 276 oui sur 745 votants; 3° Quelle peine sera infligée? 387 voix pour la mort sans condition, 338 pour la détention ou la mort avec condition, 28 absents ou non votants; 4° Y aura-t-il sursis à l'exécution? 310 oui contre 380 non. La Convention ordonna l'exécution dans les vingt-quatre heures; et le 21 janvier 1793, Louis XVI, avec un courage et une résignation chrétienne que la postérité admire, monta sur l'échafaud. Il voulut adresser quelques mots à la foule: un roulement de tambours étouffa sa voix[1]!

Ainsi un des princes qui ont sincèrement souhaité le bonheur du peuple, mourait de la main du peuple, victime de haines d'autant plus implacables qu'elles se croyaient légitimes. On avait pensé que cette tête royale creuserait en tombant un abîme infranchissable entre l'ancienne France et la France nouvelle; et c'était moins le roi que la royauté qu'on décapitait. En signant l'arrêt de Louis, Carnot avait pleuré! La fatale doctrine du salut public comptait, dans l'histoire, un crime de plus, car on venait d'oublier encore une fois que le vrai salut vient des grands cœurs, non du bourreau. Cet échafaud dressé

---

1. La belle parole attribuée à l'abbé Edgeworth: »Fils de saint Louis, montez au ciel,« fut faite le jour de l'exécution par le jorunaliste Charles His. Voy. *Souvenirs diplomatiques*, de lord Holland, qui interrogea à ce sujet l'abbé lui-même.

pour Louis ne sera pas de longtemps abattu. Combien de ses juges vont y monter, et, derrière le char
qui emporte le corps du roi, quelle large traînée de
sang! Un terroriste disait: »Il n'y a que les morts
5 qui ne reviennent pas.« Il se trompait, et le meilleur moyen de les faire revenir, c'est de leur mettre
au front une auréole de martyr.

---

3. Première coalition (1793-1797).

La mort de Louis XVI arma contre la France
10 les États qui hésitaient encore. Tous les souverains
se sentirent blessés du même coup, car ils étaient
menacés par les doctrines de propagande révolutionnaire que pratiquait la Convention. Sur la proposition de Danton, elle avait décrété que la France
15 accorderait secours et fraternité à tous les peuples
qui voudraient recouvrer leur liberté (19 nov. 1792).
Le peuple anglais s'était d'abord montré sympathique
pour une révolution qui semblait l'image de la sienne,
quoiqu'elle en fût profondément différente: Pitt l'en-
20 traîna dans la coalition, et l'Angleterre offrit à nos
ennemis ses flottes et ses subsides. La France,
menacée sur toutes ses frontières, ne recula pas.
Le 1 février 1793, elle envoya sa déclaration de
guerre à l'Angleterre; le 9 mars, à la Hollande et
25 à l'Espagne; le 22, elle recevait celle de l'Empire.
Le Danemark et la Suède seuls restèrent dans la
neutralité. C'était comme une croisade de toutes
les royautés et aristocraties européennes, non pour
venger Louis XVI, mais pour étouffer les principes
30 du nouvel ordre social jetés dans le monde par la
révolution.

---

4. Dangers extrêmes; mesures révolutionnaires; la Terreur.

Dans les provinces de l'Ouest, où régnait sans partage l'influence des deux ordres dont la révolution
5 avait détruit les privilèges, l'agitation avait commencé de bonne heure. Elle gagna de proche en proche le Maine, l'Anjou et la Bretagne, où les insurgés furent désignés sous le nom de *chouans*[1].
Dès octobre 1791, il fallut envoyer des troupes
10 contre eux. Mais les paysans vendéens ne commencèrent la guerre civile au nom du trône et de l'autel qu'après la mort du roi et quand la Convention eut décrété une levée de 300 000 hommes, en mars 1793. En même temps que ce danger se
15 montrait à l'intérieur, les revers commençaient au dehors. Les Anglais s'étaient jetés sur nos colonies, et nous enlevaient Tabago et Pondichéry. Dumouriez, vaincu à Neerwinden, après une invasion manquée en Hollande, évacuait la Belgique et se dé-
20 clarait contre la Convention. Ses soldats refusèrent de le suivre; il fut réduit à fuir dans le camp autrichien (5 avril). La république n'en avait pas moins perdu son meilleur général. C'était le second qui abandonnait ses troupes. Déjà presque tous les
25 officiers nobles avaient émigré. Les soldats reprirent leurs premières défiances contre les chefs; l'armée se désorganisa encore une fois, et la frontière du Nord fut compromise.

La Convention fit tête partout. Contre les enne-
30 mis de l'intérieur, on créa un comité de sûreté géné-

---

1. Les chouans étaient ainsi appelés de leur premier chef, Jean Cottereau, dit le Chouan, ou Chat-Huant, ancien contrebandier qui avait adopté pour signe de ralliement le cri du chat-huant.

rale pour rechercher non seulement les coupables,
mais les suspects, et un tribunal révolutionnaire pour
les punir.   Un comité de salut public, sorte de
dictature à neuf têtes, disposa souverainement de
5 l'autorité publique, afin de donner à la défense
nationale la plus énergique activité (6 avril); et, de
peur que l'inviolabilité des membres de l'Assemblée
ne gênât cette justice nouvelle, la Convention renonça
à ce privilège.   Depuis la défection de Dumouriez,
10 le soupçon était partout: Robespierre croyait fermement que les Girondins voulaient démembrer la
France et l'ouvrir aux étrangers; les Girondins, que
Marat, Robespierre et Danton voulaient faire roi le
duc d'Orléans, ensuite l'assassiner et fonder un
15 triumvirat, d'où Danton aurait précipité ses deux
collègues pour régner seul. Chacun prêtait de bonne
foi à ses adversaires des plans absurdes.   De là, ces
défiances, la peur, cette terrible conseillère, et la
hache suspendue et tombant sur toutes les têtes.
20 Ce système a un nom, la *Terreur:* terreur parmi
les bourreaux comme au milieu des victimes, et
d'autant plus impitoyable.

---

5. Proscription des Girondins (2 juin 1793); soulèvement dans les provinces.

25   Le décret qui effaçait l'inviolabilité des députés
fut bientôt mis à exécution.   Depuis le procès du
roi, les Girondins et les Montagnards se livraient
dans la Convention un combat acharné: les uns
voulant arrêter la révolution, les autres en précipiter
30 le cours, dût-elle ne plus marcher que par des voies
sanglantes.   Le plus atroce des énergumènes était
le hideux Marat, qui raisonnait ainsi: Le salut public

est la loi suprême; or, 270000 nobles et prêtres
avec leurs partisans mettent Él'tat en danger; donc
il faut faire tomber ces 270000 têtes; et chaque
matin il les demandait. Portant le cynisme de sa
5 pensée dans son costume, il venait siéger à la Convention en sabots, le bonnet rouge sur la tête et
vêtu de la carmagnole. Les Girondins, qu'il accusait du crime de *modérantisme*, l'attaquèrent. Ils
obtinrent sa mise en accusation et son renvoi devant
10 le tribunal révolutionnaire. Ce tribunal, qui jugeait
sans appel et qui punissait de mort pour une parole,
pour un regret, pour le nom seul qu'on portait,
renvoya Marat absous. La populace le ramena en
triomphe à la Convention.
15 Cette affaire mal conduite fut de la part des
Girondins une double imprudence: leur échec montra
leur faiblesse et, en détruisant l'inviolabilité des
députés, ils donnèrent à leurs ennemis une arme
contre eux-mêmes. Une attaque contre Robespierre
20 ne réussit pas mieux et leur aliéna Danton, qui les
combattit le 31 mai, et surtout le 2 juin 1793. La
Montagne, maîtresse des sections de Paris par la
Commune et les Jacobins, les arma contre la Convention. Entourée, épouvantée, celle-ci vota, sous
25 la pression de l'émeute, l'arrestation de trente et un
Girondins. Les uns, comme Vergniaud, Gensonné,
attendirent leur jugement; les autres, comme Pétion
et Barbaroux, échappés aux persécuteurs, tentèrent
de soulever les départements. Alors Caen, Bordeaux,
30 Lyon, Marseille et la plupart des villes du Midi se
déclarèrent contre la Convention; les paysans des
Cévennes arborèrent le drapeau blanc, comme ceux
de la Vendée; Toulon fut livré aux Anglais avec
toute la flotte de la Méditerranée (27 août); Paoli
35 voulait leur livrer la Corse; Condé, Valenciennes,

furent pris par les Autrichiens (juillet); Mayence,
occupée par nos troupes, capitula (25 juillet), et au
sud les Espagnols envahirent le Roussillon. En même
temps un autre ennemi, une disette affreuse, provo-
5 quait la désorganisation intérieure.

6. Énergie des mesures de défense.

La cause de la révolution semblait perdue: la
Convention la sauva en déployant une énergie terrible.
Contre la disette elle décréta le *maximum*, c'est-à-
10 dire un tarif pour toutes les denrées (septembre).
On porta les lois les plus sévères contre les accapareurs
et les agioteurs: les marchands étaient obligés de
s'approvisionner et de vendre, qu'ils fissent des
profits ou des pertes. Le 1er août 1793, on défendit
15 l'entrée de toute marchandise anglaise. Ainsi plus
de liberté commerciale, et depuis la proclamation de
la république il n'y avait plus de liberté politique
ni de liberté individuelle. Le pays entier mis en
état de siège subissait la dictature du *Comité de
20 salut public* [1]. Merlin rédigea la loi des suspects,
qui jeta plus de 300000 individus dans les prisons,
et Barère vint dire, au nom du Comité de salut
public: »La république n'est plus qu'une grande ville
assiégée; il faut que la France ne soit plus qu'un
25 vaste camp. Tous les âges sont appelés par la

---

1. Il fut composé de douze membres, réduits à neuf
par les missions, et renouvelable par quart tous les mois. Pendant une année la Convention réélut les mêmes membres;
ils formaient trois groupes: les *révolutionnaires*: Barère,
30 Billaud-Varennes et Collot-d'Herbois; les *gens de haute main*:
Robespierre, Couthon et Saint-Just; les *travailleurs*: Carnot,
Prieur et Lindet.

patrie à défendre la liberté; les jeunes gens com-
battront; les hommes mariés forgeront les armes;
les femmes feront les habits et les tentes des soldats; les enfants mettront le vieux linge en charpie,
5 et les vieillards se feront porter sur les places
publiques pour enflammer tous les courages.«
1 200 000 hommes furent mis sur pied. En quelques mois, Carnot organisa quatorze armées. La
poudre, l'acier, manquaient: les chimistes en firent.
10 On n'avait point de canons: Fourcroy fondit les
cloches et y trouva le bronze nécessaire. Bordeaux
et Lyon rentrèrent dans le devoir, cette dernière
ville après une résistance de 63 jours. Bonaparte,
alors capitaine d'artillerie, reprit Toulon (19 décem-
15 bre); les Vendéens furent chassés des portes de
Nantes (29 juin), et Jourdan, mis à la tête de la
principale armée, contint les coalisés. (Voyez, ci-
dessous, chap. 12.)

---

7. Permanence de la guillotine.

20 Mais quels terribles déchirements à l'intérieur!
Les nobles, les prêtres, proscrits sous le nom de
suspects, périssaient en foule sur les échafauds dressés
dans toutes les villes; une armée révolutionnaire, traînant la guillotine après elle, parcourait les dépar-
25 tements. Carrier, l'exécrable inventeur des noyades
de Nantes; Collot-d'Herbois, Couthon, Fouché, qui
firent mitrailler Lyon; Barras et Fréron, à Toulon,
Lebon, à Arras, dépassaient les horreurs des plus
sanglantes proscriptions dont l'histoire ait gardé le
30 souvenir. Une héroïque jeune fille, Charlotte Corday,
crut qu'en tuant Marat elle allait tuer la Terreur
(13 juillet). Ce meurtre la rendit plus implacable.

La reine Marie-Antoinette (16 octobre), sa sœur, la
pieuse Madame Élisabeth; Bailly même, exécuté au
champ de Mars avec des raffinements de cruauté;
les Girondins (31 octobre) et le duc d'Orléans; les
5 généraux Custine, Biron, Houchard; Mme Roland,
le grand chimiste Lavoisier, Malesherbes, mille autres
têtes tombèrent. Des charrettes de victimes, sans
distinction d'âge, de condition, se succédaient tous
les jours au pied des échafauds établis à la place
10 de la Concorde, à la porte Saint-Antoine et au rond-
point de la barrière du Trône.

---

8. Exécution des Hébertistes et des Dantonistes (mars et avril 1794).

Les Montagnards en vinrent à se déchirer entre
15 eux. Les plus violents, les Hébertistes, tout-puissants
à la Commune, avaient pour organe le journal appelé
le Père Duchêne. Ils prétendaient faire de la Terreur le gouvernement régulier de la France, profes-
saient l'athéisme et firent placer la déesse *Raison*
20 sur l'autel de Notre-Dame. Les Dantonistes n'étaient
déjà plus que des *indulgents*. Leurs chefs, Danton
et Camille Desmoulins, le rédacteur du *Vieux Cordelier*, attaquaient à la fois les anarchistes du parti
d'Hébert et le Comité de salut public, auquel ils
25 reprochaient sa tyrannie avec une véritable éloquence.
Robespierre, qui, avec Couthon et Saint-Just, avait
la haute main dans le comité, dénonça d'abord les
Hébertistes, qu'il accusait de corrompre la nation
en propageant l'athéisme, et de conspirer avec
30 l'étranger. Ils furent exécutés (24 mars 1794); douze
jours après, Danton, Desmoulins et ceux qu'on ap-

pelait maintenant les modérés, subirent le même
sort, sous la prévention d'orléanisme (5 avril 1794).

9. Le 9 thermidor.

Cependant Robespierre songeait à son tour à
5 arrêter la révolution, pour construire sur les ruines
sanglantes du passé une société selon ses vues. Il
fit rappeler Carrier, menaça quelques-uns des hommes
les plus compromis par leurs excès sanguinaires, et
couvrit de sa protection les membres de la droite,
10 ainsi que quelques prêtres et nobles. Les comités
virent avec effroi la dictature qui se préparait. Collot-
d'Herbois et Billaud-Varennes s'unirent avec Tallien,
Bourdon de l'Oise, Barras, Fouché, et engagèrent
indirectement la lutte au sujet de la fête de l'Être
15 suprême, célébrée par Robespierre avec un éclat
théâtral et une pompe où le maître s'était affiché
trop ouvertement. Robespierre alors fit proposer
par Couthon, sur l'organisation du tribunal révolutionnaire, une loi qui, pour accélérer les meurtres
20 juridiques, effaçait jusqu'à à l'ombre des formes lé-
gales et plaçait la Convention sous le couteau. Il
croyait par là tenir ses adversaires. Cette loi atroce,
dite du 22 prairial, fut adoptée, mais avec des mo-
difications qui faisaient échouer le plan de son au-
25 teur. Sa force était immense; on ne pouvait atta-
quer sa probité, on n'osait articuler encore le mot
de tyran; on espéra l'atteindre par le ridicule. Le
Comité de sûreté générale dirigea des poursuites
contre une secte fanatique qui révérait en lui une
30 sorte de Messie. Alors il s'isola du gouvernement
et se retira au club des Jacobins, attendant l'occa-
sion de frapper un coup décisif. Cependant les

effets de la loi de prairial se faisaient sentir: la
Terreur redoublait. En 47 jours, du 10 juin au
27 juillet, 1409 personnes périrent, et parmi elles
tout le parlement de Toulouse, les maréchaux de
5 Noailles et de Mouchy, les poètes André Chénier
et Roucher, le général Beauharnais, des femmes, un
enfant de seize ans.

Une si horrible situation ne pouvait durer. Le
cri de la pitié publique s'éleva contre les auteurs
10 de ces abominations et surtout contre Robespierre,
qui menait tout encore quoiqu'il s'abstînt de paraître au Comité de salut public. Ses ennemis ex-
ploitèrent ce mouvement de l'opinion; ils l'accusè-
rent d'aspirer à la dictature, de méditer contre
15 l'Assemblée un nouveau 31 mai, et ils firent circuler d'immenses listes de proscription dressées,
disait-on, par lui. Le 8 thermidor, la lutte s'engagea dans la Convention. Robespierre fatigua l'Assemblée par une interminable apologie
20 et l'irrita par des menaces. Il demanda que tout
le gouvernement fût reconstitué et qu'on punît les
traîtres. Il désignait ainsi la plupart des membres
des comités, même Carnot et Cambon, qui alors sau-
vaient la république en organisant les finances et la
25 guerre. Le débat fut orageux et longtemps indécis.
La défection de Barère, «cet homme qui venait
toujours au secours du plus fort,» entraîna celle de
la Plaine: l'Assemblée refusa de voter l'impression
du discours de Robespierre. Il courut alors aux
30 Jacobins, qui jurèrent de le défendre, et la
Commune prépara pour le lendemain une insurrection. Le 9, la lutte recommença au sein de la
Convention. Robespierre y fut enfin décrété d'accusation avec Couthon et Saint-Just. Son frère et
35 Lebas voulurent être associés à son sort. Ils fu-

rent arrêtés et dirigés sur diverses prisons. Mais
la Commune fit sonner le tocsin dans les faubourgs,
délivra les prisonniers et les amena en triomphe à
l'Hôtel de ville.

5 La guerre ouverte éclatait donc entre les deux
pouvoirs rivaux, les représentants de Paris et ceux
de la France. La Convention agit cette fois avec
résolution et vigueur. Elle mit Robespierre et tous
les siens hors la loi, elle appela les sections de la
10 garde nationale à la défendre, et fit marcher sur
l'Hôtel de ville des forces imposantes qui ressaisi-
rent les condamnés. Lebas se brûla la cervelle.
Robespierre le jeune se jeta par une fenêtre sans se tuer. Son frère eut la mâchoire
15 brisée d'un coup de pistolet que lui tira un gen-
darme ou qu'il se tira lui-même. Tous furent conduits à l'échafaud, à travers les outrages d'une
foule qui voyait, dans leur supplice la fin d'un épouvantable régime (9 et 10 thermidor, 27 et 28 juillet
20 1794). Henriot, Coffinhal, 20 représentants, furent
sans discussion, sans jugement, envoyés au supplice,
le même jour ou le lendemain. C'était une fin digne
de la Terreur. Dans les 420 jours qu'elle avait
duré, 2669 condamnations avaient été prononcées
25 par le tribunal révolutionnaire et exécutées. Mais
comment compter les victimes de Couthon et de
Collot-d'Herbois à Lyon, de Lebon à Arras, de
Carrier à Nantes, de Fréron à Toulon et à Marseille, de Tallien à Bordeaux?

10. Abolition des lois révolutionnaires.

Quelques-uns des hommes qui avaient renversé
Robespierre étaient ceux-là mêmes qui avaient poussé
la Terreur aux dernières limites. Mais telle était
5 la force de l'opinion publique, qu'ils furent contraints
de paraître n'avoir vaincu que pour la modération.
«Toute la nation cria que la journée était contre la
tyrannie, et cette croyance la fit finir.» La chute
de Robespierre devint ainsi le signal d'une réaction
10 qui, malgré ses excès, laissa respirer la France. La
guillotine cessa d'être le grand moyen de gouvernement; et, si les partis continuèrent encore longtemps à se proscrire, du moins le peuple ne fut
plus appelé au hideux spectacle de trente ou
15 quarante têtes tombant chaque jour sous le couteau.
Tous les ressorts du gouvernement se détendirent.
L'importance des Comités de salut public et de
sûreté générale fut considérablement amoindrie; la
loi de prairial fut rapportée; les prisons s'ouvrirent;
20 à Paris seulement, 10 000 captifs en sortirent. La
Convention s'attribua les pouvoirs de la Commune
de Paris, qui avait si longtemps neutralisé ou dominé
l'Assemblée; et le club des Jacobins, dernier asile
du parti vaincu, fut fermé aux applaudissements de
25 toute la France. Carrier et d'autres massacreurs
furent envoyés au supplice. Lebon, Fouquier-Tinville, l'accusateur public, ne périrent que l'année
suivante. Collot-d'Herbois, Barère, Billaud-Varennes,
Vadier, furent déportés à Cayenne, après un dernier
30 effort du parti jacobin, à la journée du 1er prairial
(20 mai 1795). Dans cette journée le peuple ayant
envahi la salle de la Convention, le député Féraud
fut tué. Boissy d'Anglas présidait. On lui présente
au bout d'une pique la tête de Féraud. Il se dé-

couvre, s'incline, et, par son sang-froid et sa dignité,
impose à ces furieux. On désarma alors le faubourg Saint-Antoine.

---

11. Campagne de 1793.

5 La gloire des armes avait heureusement consolé
la France dans son deuil. Du Comité de salut
public, Carnot, organisant la victoire, avait envoyé
aux armées des plans que nos soldats accomplirent.
Les stratégistes de la coalition n'avaient su imaginer
10 autre chose que d'envelopper la France d'armées
nombreuses, mais divisées en une foule de petits
corps, et, s'ils avançaient d'un pas sur nous, c'était
après s'être bien assurés qu'ils ne laissaient aucune
place sur leurs derrières. A ces opérations lentes
15 et méthodiques, à cette guerre de sièges et de po-
sitions, Carnot substitua la guerre par grandes mas-
ses. Au lieu de savantes manœuvres que nos généraux improvisés ne connaissaient pas encore et que
nos conscrits ne comprenaient point, il demanda
20 qu'on frappât des coups rapides, marchant droit
devant soi, à la baïonnette, sans compter l'ennemi;
qu'on menât enfin la guerre et la victoire au pas de
charge. Cette tactique, qui convenait fort à l'inex-
périence et à l'enthousiasme de nos jeunes armées,
25 était aussi la meilleure pour couper l'immense et
mince cordon que la coalition serrait autour de
nous: elle réussit. A la fin d'août 1793, la France
était envahie par toutes ses frontières et on pouvait
désespérer d'elle; à la fin de décembre, elle était
30 presque partout victorieuse.

12. Perte de Condé, de Valenciennes et de Mayence
(mai-août).

Après la défection de Dumouriez, les coalisés,
au lieu de marcher tous ensemble sur Paris pour y
5 étouffer la révolution, seul but, disaient-ils, qu'ils
poursuivaient, n'avaient songé qu'à leurs intérêts
particuliers: les Anglais, à mettre enfin la main sur
Dunkerque, objet pour eux d'une longue convoitise;
les Autrichiens, à réunir nos places fortes de l'Escaut
10 à leurs provinces belges.   Dampierre, qui s'était
réfugié sous Valenciennes, dans le camp de Famars,
fut tué le 9 mai, en essayant de débloquer Condé;
le 23, les Autrichiens forcèrent le camp de Famars,
et l'armée se retira sous Bouchain, au camp de
15 César.   Condé et Valenciennes se trouvèrent investis.
Dès le mois d'avril, Custine, reculant jusque sous
le canon de Wissembourg, comme il avait avancé
jusqu' à Francfort, étourdiment, avait laissé les
Prussiens envelopper Mayence.   20 000 de nos
20 meilleurs soldats y étaient, et avec eux Kléber et
deux représentants d'un courage indomptable, Rewbel
et Merlin de Thionville.   Beauharnais, successeur
de Custine, ne fit pas mieux pour sauver Mayence.
Les coalisés dépensèrent trois mois, mai, juin et
25 juillet, à ces trois sièges.   Ils en vinrent à bout.
Mais pendant ces trois mois, la France entière s'était
levée, et l'énergie des moyens de défense s'était
proportionnée au péril.

Les coalisés perdirent un mois encore à préparer
30 de nouvelles opérations.   Sur le Rhin, ils remontè-
rent de Mayence vers les lignes de la Lauter et de
la Sarre, qui couvraient l'Alsace et la Lorraine.
Au nord, ils se séparèrent; les Anglais marchèrent
sur Dunkerque et les Autrichiens entreprirent un

nouveau siège, celui du Quesnoy. Houchard, chargé
d'opérer contre les premiers, reçut de Carnot un
bon plan. Il devait, tandis que Souham et Hoche
défendaient énergiquement Dunkerque, se porter en
5 masse entre l'armée qui faisait le siège et celle qui
le couvrait, pour les écraser l'une après l'autre. Il
battit en effet les Anglais à Hondschoote. (8 sept.)
Mais ce ne fut qu'un demi-succès, parce qu'il n'obéit
qu'à demi aux ordres du Comité. Il avait conduit
10 sa marche et son attaque de telle sorte, qu'il avait
rejeté le corps d'observation sur le corps de siège,
au lieu de les séparer. Cinq jours après, il battit
encore les Hollandais et les chassa de Menin; mais
une panique ramena son armée en désordre sous
15 Lille. Il fut destitué et monta, comme Custine, sur
l'échafaud.

Les coalisés avaient échoué à leur extrême droite,
vers Dunkerque; ils avaient échoué à leur gauche,
où ils avaient pris le Quesnoy. Maîtres de l'Escaut
20 par Condé et Valenciennes, de l'intervalle entre
l'Escaut et la Sambre par le Quesnoy et Mons, ils
voulurent prendre Maubeuge pour s'assurer aussi de
la haute Sambre. C'était presque la position du
prince Eugène en 1712. Le péril pour la France
25 semblait aussi grand; il fut aussi heureusement con-
juré. Au lieu d'agir à gauche, comme Villars, le
long de la Scarpe, Carnot fit agir par la droite, le
long de la Sambre. Jourdan, simple chef de bataillon au commencement de la campagne, avait été
30 promu au commandement de l'armée du Nord; il
vainquit le prince de Cobourg à Wattignies, en avant
de Maubeuge, et débloqua cette ville (15 et 16
octobre). Ainsi de ce côté nous n'avancions pas,
mais deux places importantes étaient sauvées.
35 Dans les Vosges, les armées du Rhin et de la

Moselle perdirent d'abord la bataille de Pirmasens
(16 sept.) et les lignes de Wissembourg que Wurmser
força (13 oct.); Landau fut bombardé. Mais Hoche,
qui venait de se distinguer à la défense de Dunkerque, fut mis à la tête de l'armée de la Moselle,
Pichegru, à la tête de l'armée du Rhin, et les représentants Saint-Just et Lebas vinrent animer de
leur énergie les troupes et les populations. Carnot
avait arrêté que l'armée de la Moselle essayerait de
reprendre la chaîne des Vosges, pour être maîtresse
des passages sur les deux versants, et libre de se
réunir à l'armée du Rhin. Brunswick aida au succès
de ce plan, en reculant, après une vaine tentative
sur Bitche, jusqu' à Kaiserslautern, à la hauteur de
Mannheim; tandis que Wurmser, de l'autre côté des
Vosges, restait presque en vue de Strasbourg. Hoche
échoua d'abord à Kaiserslautern contre les Prussiens
(17 nov.); mais, se rejetant tout à coup, à travers
les Vosges, sur le flanc droit des Autrichiens, que
Pichegru attaquait de front, il leur reprit les lignes
de Wissembourg (27 déc.), et les obligea de repasser
le Rhin, tandis que les Prussiens, découverts sur
leur gauche, reculaient jusque sous le canon de
Mayence. Hoche hiverna en pays ennemi, dans le
Palatinat.

En Italie, Français et Piémontais se disputaient
la chaîne des Alpes; les premiers étaient à Nice,
les seconds à Saorgio, et nous avions été battus en
voulant enlever cette position. Vers les Pyrénées,
les Espagnols, sous Ricardos, gardaient aussi l'offensive; l'armée républicaine, après plusieurs rencontres
où le succès fut souvent balancé, se retira sous
Perpignan (décembre).

18. Succès et défaite des Vendéens (1793).

Mais à ce moment la guerre civile finissait. Les
républicains avaient repris Lyon (9 oct.) et Toulon
(19 déc.): l'un à demi ruiné, l'autre pillé par les
5 Anglais, qui mirent le feu à l'arsenal, aux chantiers
et aux vaisseaux qu'ils ne purent emmener. La
Vendée résista plus longtemps. En Bretagne et
dans le Maine, les chouans ne faisaient qu'une
guerre de partisans et d'embuscades; les paysans du
10 bas Poitou firent la grande guerre. Le mouvement
commença à Saint-Florent, petite ville au bord de
la Loire, sur la rive gauche de ce fleuve, au-dessous
d'Angers. Le 10 mars 1793, les jeunes gens de ce
canton y furent appelés pour satisfaire à la loi qui
15 exigeait une levée de 300 000 hommes. Ils vinrent,
mais décidés à ne pas obéir, se mutinèrent, chas-
sèrent les gendarmes et pillèrent l'hôtel de ville.
Le coup fait, ils retournaient tranquillement chez
eux, quand un voiturier, Cathelineau, leur représenta
20 que la Convention tirerait d'eux une éclatante vengeance. Il les décide à le suivre, court de village
en village, sonne le tocsin, ramasse les hommes de
bonne volonté, et à leur tête enlève quelques postes,
des armes, du canon, même la petite ville de Che-
25 millé. Un garde-chasse du comte de Maulevrier,
Stofflet, qui a fait comme lui, vient le rejoindre
avec ceux qui le suivent, et tous deux s'emparent
de Chollet. Ce n'est plus une bande de paysans
soulevés, c'est une armée; les gentilshommes accouru-
30 rent à sa tête. Guidés par Lescure, Bonchamp,
d'Elbée, la Rochejacquelein et Charette qui ne dé-
daignent pas de s'associer les deux chefs populaires,
les Vendéens prennent encore Saumur (29 juin),
et pour se faire jour par deux points, vers la mer,

c'est-à-dire vers l'émigration et les Anglais, ils attaquent les Sables et Nantes. Boulard sauve la première, Canclaux la seconde, et Cathelineau est tué
dans cette dernière attaque (9 juin); mais les Ven-
5 déens restent maîtres de leur pays et en chassent
les républicains par deux victoires: au sud, celle de
Châtillon (3 juillet), remportée sur Westermann, qui,
sorti de Parthenay, s'était trop aventuré au milieu
de l'insurrection; au nord, celle de Vihiers (18 juillet),
10 sur l'armée partie d'Angers.

   La colonne de l'ouest restait seule menaçante;
40000 Vendéens marchent sur Luçon, où le général
Tuncq n'avait que 6000 hommes. Les Vendéens
acceptent la bataille en plaine et sont complètement
15 défaits (14 août). Le 5 septembre, ils prennent
leur revanche à Chantonnay, malgré le courage de
Marceau. Alors, les *Mayençais*, qui d'un an ne
pouvaient servir contre la coalition, arrivent en Vendée,
et avec eux Kléber, qui à lui seul valait une armée.
20 Les forces républicaines sont divisées en 4 corps,
et on décide de partir le même jour de Saumur, de
Nantes, des Sables et de Niort, pour séparer les
Vendéens de la mer, où venait de se montrer une
flotte anglaise, et pour les rejeter du Marais sur le
25 Bocage. La division du commandement entre Canclaux (armée de Brest) et Rossignol (armée de la
Rochelle) empêche l'unité de direction; des contre-
ordres imprudemment donnés suspendent la marche
de trois divisions et laissent quelque temps celle de
30 Canclaux exposée seule aux coups de l'ennemi.
20000 Vendéens attaquent son avant-garde à Torfou.
C'étaient 2000 Mayençais et Kléber; ils plient
d'abord sous la supériorité du nombre et reculent.
Kléber, pour arrêter l'ennemi au passage d'un pont,
35 y place un officier et quelques soldats auxquels il

dit: »Mes amis, vous vous ferez tuer ici,« et la consigne est exécutée. Le même jour, la colonne d'Angers avait perdu les Ponts-de-Cé; la veille, Santerre, avec la colonne de Saumur, avait été battu à Coron. 5 Autre revers en même temps à Montaigu, qui oblige Canclaux à se replier sur Nantes.

La Convention ordonne à ses généraux de terminer la guerre avant le 20 octobre. En onze jours, les Vendéens éprouvent quatre échecs: à Saint- 10 Symphorien, le 6 octobre, par les Mayençais; à Châtillon, le 9, par Westermann; à Mortagne, où Lescure fut mortellement blessé, et à Saint-Christophe, le 15, par Marceau et Kléber. Enfin Kléber les écrase en avant de Chollet. (17 oct.) D'Elbée, 15 Bonchamp, sont frappés à mort; le dernier, avant d'expirer, obtient la grâce de 4000 prisonniers républicains que les siens voulaient fusiller. Acculés à la Loire par ce grand désastre, 80000 Vendéens, hommes, femmes, enfants, vieillards, passent ce fleuve, 20 à Varades, pour soulever l'Anjou, le Maine et la Bretagne; ils battent les *bleus* près de Laval (27 oct.) et pénètrent jusqu'à Granville, d'où ils espèrent tendre la main aux Anglais. Mais Granville les repousse; ils retournent alors sur Angers (3 déc.), 25 pour rentrer dans le Bocage vendéen. Cette fois la Loire est bien gardée: ils sont rejetés sur le Mans, écrasés dans cette ville (13 déc.), achevés dans Savenay (25 déc.). Ce fut la fin de la grande guerre. Les *colonnes infernales* n'eurent plus que 30 quelques combats isolés à livrer dans la Vendée, où Charette, la Rochejacquelein et Stofflet tenaient encore [1]).

---

1. Mort de la Rochejaquelin (4 mars 1794). — Incendie de Chollet par Stofflet (10 mars). — Traité de la Jaulnais

14. Campagne d'été de 1794; Fleurus.

L'honneur des succès remportés en Alsace, à
la fin de 1793, revenait à Hoche; Pichegru se les
attribua et le persuada à Saint-Just qui fit jeter
5 Hoche en prison, et donner à Pichegru le commandement de l'armée du Nord. Ce général perdit deux
mois en efforts infructueux et sanglants sur l'Escaut
et la Sambre, et ne sut pas tirer parti de deux
victoires (Moucroën 29 avril et Turcoing 18 mai),
10 gagnées par l'impétueux élan de nos jeunes réqui-
sitionnaires, bien plus que par l'habileté de leur chef.
Heureusement Carnot renonça à temps à l'idée d'atta-
quer de front l'ennemi, qui nous avait pris Land-
recies, et imagina de menacer sa communication et
15 sa ligne de retraite en amenant Jourdan, avec 45 000
hommes, de la Moselle sur la Sambre. Quatre fois
les représentants Saint-Just et Lebas franchirent la
Sambre à la tête des colonnes républicaines; quatre
fois ils furent repoussés. Cependant il fallait à tout
20 prix emporter Charleroi. Ils décidèrent Jourdan à
tenter un cinquième passage. Celui-là réussit; Charleroi capitula, et le prince de Cobourg, accouru trop
tard au secours de la place, perdit la bataille de
Fleurus (28 juin), qui rouvrit les Pays-Bas aux Français.
25 Pichegru poussa les Anglais vers la Hollande; Jourdan, les Autrichiens jusque derrière la Meuse.
Dugommier, aussi habile que brave, força, dans les
Pyrénées, le formidable camp du Boulou, sur le Tech,
près de Céret, où il prit 140 canons (1er mai); et
30 Dumerbion, dirigé par Bonaparte, qui commandait
l'artillerie de l'armée des Alpes, fit tomber le camp

---

avec Charette (19 février 1795). — Soumission de Stofflet à
Saint-Florentin (2 mai). — L'année suivante, l'un et l'autre,
soulevés de nouveau, furent pris et fusillés.

des Piémontais, à Saorgio, en avant du col de Tende
(28 avril). Les portes de l'Italie et de l'Espagne
étaient ouvertes comme les Pays-Bas.

___

15. Campagne d'hiver de 1794 à 1795; conquête des Pays-Bas; invasion de l'Espagne.

L'hiver n'arrêta ni les opérations de nos armées
ni nos succès. Jourdan battit les Autrichiens sur
l'Ourthe; il les battit encore sur la Roër et les rejeta
derrière le Rhin (5 oct.), où les Prussiens qui opé-
raient dans le Palatinat, découverts par cette retraite,
durent les suivre. Alors les quatre armées françaises
du Nord, de Sambre-et-Meuse, de la Moselle et du
Rhin bordèrent le grand fleuve. L'hiver était venu,
et terrible. Le froid descendit jusqu'à dix-sept
degrés au-dessous de zéro. Les soldats, vêtus de
haillons, sans paye, mais soutenus contre toutes les
misères par leur énergie morale, au lieu de s'établir
dans des cantonnements, marchèrent en avant,
franchissant les canaux, les fleuves, poussant devant
eux Anglais, Hollandais, et, le 20 janvier 1795, ils
entraient dans Amsterdam. »Cette cité fameuse par
ses richesses vit, avec une juste admiration, dix
bataillons de ces braves sans souliers, sans bas,
privés même des vêtements les plus indispensables,
et forcés de couvrir leur nudité avec des tresses de
paille, entrer triomphants dans ses murs au son
d'une musique guerrière, placer leurs armes en fais-
ceaux et bivaquer plusieurs heures sur la place
publique, au milieu de la glace et de la neige, attendant avec résignation et sans murmure qu'on pour-
vût à leurs besoins et à leur casernement. »Des
escadrons de hussards coururent au Texel prendre

la flotte hollandaise, retenue dans les glaces. Pichegru constitua la Hollande en république batave. De
là il pouvait tourner les défenses de la Prusse sur
le Rhin: l'Allemagne du Nord était ouverte à nos
5 soldats comme à nos idées [1]).

1. Un des généraux de division qui commandaient sous
Pichegru était Moreau. Né à Morlaix en 1763, il fut d'abord
destiné au barreau, mais s'engagea, malgré sa famille, dans
un régiment; son père ayant acheté son congé, il reprit à
10 Rennes ses études, tout en gardant ses goûts militaires, et
acquit un grand ascendant sur les étudiants de cette ville.
Il figura comme le *général du parlement* dans les troubles
qui précédèrent à Rennes la révolution. Après la création
de la garde nationale, il organisa à Rennes une compagnie
15 de canonniers, dont il fut le capitaine jusqu'en 1792. Parti
alors comme volontaire, il fit sa première campagne sous
Dumouriez, avec le grade de chef de bataillon, devint en
1793 général de brigade, et en 1794 général de division. Il
commanda l'aile droite de Pichegru dans l'invasion de la
20 Hollande, et remplaça ce général à l'armée du Nord, plus
tard à celle de Rhin-et-Moselle, avec laquelle il fit sa belle
campagne de 1796. Un autre Moreau fut en 1794 général
en chef de l'armée de la Moselle et mourut au siège de
Luxembourg en 1795.
25   Il est bon de savoir ce qu'étaient en 1789 les généraux
qui venaient, dans ces premières campagnes, de commencer
leur illustration. En 1789, Kellermann était maréchal de
camp; Berthier, colonel: Serrurier, major; Moncey, capitaine;
Brueys, Bruix, Decrès et Gantheaume, lieutenants de vais-
30 seau; Davout, Desaix, Marmont et Macdonald, sous-lieute-
nants; Pérignon, officier démissionnaire: Bernadotte, sergent-
major; Hoche, Marceau, Lefebvre, Pichegru, Ney, Masséna,
Murat, Soult, sous-officiers; Augereau, maître d'armes; Victor, soldat; Lannes était teinturier; Gouvion Saint-Cyr,
35 dessinateur et comédien; Jourdan, mercier-colporteur; Bes-
sière, perruquier; Brune, typographe; Joubert, Junot, étaient
étudiants en droit, Kléber architecte; Mortier partit comme
volontaire en 1791. Hoche était fils d'un garde de chenil
à Versailles; Marceau, d'un procureur; Masséna, d'un mar-
40 chand de vin; Murat, d'un aubergiste; Augereau, d'un ou-
vrier maçon; Lefebvre, d'un meunier; Ney, d'un tonnelier.

Dugommier, dans les Pyrénées-Orientales, prenait
Bellegarde, à notre extrême frontière, et forçait le
passage des montagnes, que défendait une ligne de
77 redoutes (bataille de la Mouga, 18 nov.); mais
5 il périt au sein de la victoire. A la suite de ce
succès, une des plus fortes places de l'Europe, Fi-
guières, ouvrit ses portes. Moncey, à l'autre extré-
mité de la chaîne pyrénéenne, faisait en même temps
la conquête du Guipuscoa: l'Espagne était envahie
10 de deux côtés. La seule armée d'Italie n'avan-
çait pas.

---

16. Paix avec la Prusse et l'Espagne (1795); Quiberon.

Deux puissances étaient effrayées de leurs dé-
faites; la Prusse, qui voyait déjà les Français sur
15 les rives de l'Ems; l'Espagne, qui redoutait de les
voir bientôt sur celles de l'Èbre; l'une, d'ailleurs,
était en ce moment fort occupée du dernier partage
de la Pologne, qui lui valut Varsovie (24 oct.); et
l'autre était livrée à une cour honteuse que tout
20 bruit d'armes épouvantait. Elles demandèrent la
paix (traité de Bâle, 5 avril et 22 juillet): la Prusse
céda ses provinces sur la rive gauche du Rhin;
l'Espagne, la partie espagnole de Saint-Domingue.
Cette paix était la reconnaissance de la république
25 et de la révolution par deux grands États de
l'Europe. Le grand-duc de Toscane avait traité
dès le mois de février.

En voyant ces grands hommes de guerre, dont ils connais-
30 saient l'origine, devenir généraux, ducs et princes, nos soldats diront que tout conscrit peut ramasser sur un champ
de bataille un bâton de maréchal de France, et tous l'y
chercheront.

L'Angleterre, l'Autriche, la Sardaigne et l'Empire restaient en ligne. La première, pour relever dans nos provinces de l'ouest les forces du parti royaliste, qu'affaiblissait la rivalité de Charette et de Stofflet, débarqua en Bretagne, dans la presqu'île de Quiberon, deux divisions d'émigrés. Hoche, qui avait été appelé de l'armée du Rhin pour pacifier la Vendée, les détruisit (21 juillet 1795).

17. Revers sur mer; le Vengeur.

La révolution avait improvisé des généraux comme des armées. Mais si le génie de la guerre de terre tient de l'inspiration, la guerre de mer exige de la science et une longue pratique. Or ce brillant état-major naval qui avait vaincu l'Angleterre dans la guerre d'Amérique avait émigré; dès l'année 1790, le tiers des officiers était parti, de sorte que la belle flotte organisée dans les vingt-cinq dernières années de la monarchie[1]) restait sans chefs: de là notre infériorité dans les combats d'escadre. Le 1er juin 1794, l'amiral Villaret-Joyeuse, naguère simple capitaine, attaqua, avec 25 vaisseaux montés par des paysans, une flotte anglaise de 38 voiles, pour protéger l'arrivée d'un immense convoi de blé. Le convoi passa, et une partie de nos départements fut sauvée de la famine; mais la flotte fut battue, et perdit six vaisseaux. Un d'eux, le *Vengeur*, s'engloutit dans les flots au chant de la *Marseillaise*[2]).

1. En octobre 1790, la France avait 70 vaisseaux de ligne et 65 frégates à flot, 12 vaisseaux et 16 frégates sur chantier. (*Moniteur* du 26 octobre 1790.)
2. Le *Vengeur* s'était admirablement battu et il coulait bas quand le capitaine et les matelots valides se rendirent

La Martinique, la Guadeloupe, la Corse même, furent enlevées par les Anglais. Nos corsaires nous vengeaient. A la fin de 1793, ils avaient pris aux Anglais 410 bâtiments; notre marine marchande 5 n'en avait perdu que 316.

18. Constitution de l'an III (1795).

Cependant la Convention, sortie victorieuse des émeutes qui suivirent le 9 thermidor, abolit la constitution démocratique de 1793, qui n'avait pas 10 encore été mise en pratique, et attribua le pouvoir législatif à deux conseils, celui des Cinq-Cents, chargé de proposer la loi, et celui des Anciens, chargé de l'examiner et de l'accepter. Le pouvoir exécutif fut donné à un *Directoire* de cinq membres, renouvelé 15 tous les ans par cinquième, nommé par le pouvoir législatif, et responsable. La Convention avait tout réuni; on divisait tout. Le pouvoir législatif allait avoir deux têtes, le pouvoir exécutif en aura cinq. On espérait échapper ainsi à la dictature et faire 20 une république modérée; la constitution de l'an III ne fera qu'une république faible et anarchique.

19. Journée du 13 vendémiaire (5 octobre 1795).

Depuis le 9 thermidor, la révolution avait si 25 bien remonté la pente qu'elle avait descendue, que les royalistes espéraient une restauration prochaine.

ⁱ aux Anglais. Les blessés seuls sombrèrent, peut-être au chant de la Marseillaise.

Ils comptaient de nombreux partisans dans plusieurs
sections de la garde nationale de Paris, et ils venaient de gagner Pichegru par la promesse d'un
million comptant et de 200000 livres de rente. Ils
5 croyaient que les prochaines élections leur donne-
raient la majorité et qu'ils pourraient ainsi faire légalement une contre-révolution. Mais la Convention
décida que les membres du nouveau corps législatif
seraient pris pour les deux tiers parmi les conven-
10 tionnels, de sorte que les royalistes ne pouvaient plus
y faire qu'une minorité impuissante. Ils soulevèrent
alors les sections de la garde nationale, et, au
nombre de 40000, marchèrent sur les Tuileries, où
la Convention siégeait. Barras, chargé de la dé-
15 fendre, prit pour lieutenant un jeue général que ses
services devant Toulon avaient mis en lumière, mais
qui, après le 9 thermidor, avait été destitué, Napoléon Bonaparte. On n'avait que 6 à 7000 soldats.
En quelques heures Bonaparte fit des Tuileries un
20 camp retranché; les sectionnaires, reçus par un feu
violent de mitraille sur le pont Royal et dans la
rue Saint-Honoré, devant l'église Saint-Roch, furent,
en un instant, rompus, mis en fuite, laissant 500
des leurs sur le carreau; le reste fut, les jours sui-
25 vants, désarmé. Le 4 brumaire (26 octobre 1795),
la Convention déclara sa mission terminée.

20. Résumé des principales créations de la Convention.

Les impérieuses nécessités de la lutte n'avaient
pas permis à nos assemblées de réaliser toutes les
30 réformes; elles avaient du moins préparé d'immenses
matériaux que la génération suivante utilisa. Cependant, au milieu de ses déchirements et de ses vic-

toires, la Convention avait, pour fortifier l'unité de la France, préparé un code uniforme, décrété une instruction nationale et la création de l'École normale, de l'École polytechnique, des Écoles centrales (Ly-
5 cées) normales et primaires, des Écoles de médecine, du Conservatoire des arts et métiers, des chaires de langues vivantes, du Bureau des longitudes, du Conservatoire de musique, de l'Institut, du Muséum d'histoire naturelle, enfin établi l'unité
10 des poids et des mesures (système métrique)[1].

Par l'émission désordonnée des assignats (44 milliards), elle avait bouleversé toutes les fortunes, et, par la loi du *maximum*, elle avait ruiné le commerce[2]; mais, par la vente des biens nationaux, qui
15 formaient un tiers du territoire, elle avait livré au travail fécond des nouveaux propriétaires d'immenses domaines jusqu'alors peu productifs; et, par la création du grand-livre de la dette publique, elle avait préparé, pour des jours meilleurs, la confiance au
20 crédit de l'État. L'invention du télégraphe aérien permit de porter rapidement jusqu'aux frontières les

---

1. La Convention avait remplacé le calendrier grégorien par le calendrier républicain. L'ère nouvelle commençait au 22 septembre 1792; elle cessa le 9 septembre 1805. Les
25 douze mois étaient: vendémiaire, brumaire, frimaire, pour l'automne; nivôse, pluviôse, ventôse, pour l'hiver; germinal, floréal, prairial, pour le printemps; messidor, thermidor, fructidor, pour l'été. Ainsi on disait le 14 thermidor an x, au lieu du 2 août 1802, etc.
30 2. Voici un compte de ménage de la sœur de Beaumarchais, en décembre 1794, trouvé par M. de Loménie dans les papiers de l'auteur du *Mariage de Figaro:* une voie de bois, 1460 francs; la chandelle, le sucre, l'huile, 100 francs la livre; le boisseau de pommes de terre, 200 francs; une
35 livre de viande, 30 francs; une livre de pain, 45 francs; le tout, il est vrai, payé en assignats.

ordres du gouvernement central, et l'établissement des musées ranima le goût des arts. La Convention voulait encore que l'infirme, l'enfant abandonné, fussent recueillis, secourus par la patrie; et le dernier décret de ces législateurs terribles portait que la peine de mort serait abolie après la pacification générale.

Druck von Ramm & Seemann in Leipzig.

Duruy, Histoire de France de 1789 à 1795.

Herausgegeben von K. A. Martin Hartmann.

Anmerkungen.

Seite 1, Zeile 5: le clergé. Dies war dem Range nach der erste Stand, nach Einfluſs und Macht ein Staat im Staate. — **Z. 16: une brochure.** Von der Flugschrift des Abbé Sieyès wurden in den ersten 3 Wochen des Jahres 1789 an 30 000 Exemplare verkauft.

Seite 2, Zeile 3: le comte d'Artois. Dies war der Bruder Ludwigs XVI., der spätere Karl X., der letzte bourbonische König Frankreichs. — **Z. 4: le prince de Condé (1736—1818).** Er gehörte 1788 zu den Notabeln, welche sich gegen die Verdoppelung der Vertretung des 3. Standes erklärten. 1792—1801 kämpfte er in den Reihen der Koalition. Sein Enkel war der 1804 erschossene Herzog von Enghien. — **le prince de Conti (1734—1814),** der letzte seines Namens. Auch er wanderte aus, kehrte aber schon 1790 wieder zurück und leistete den Bürgereid. — **les Polignac.** Der Herzog von P. war Bischof von Metz und Grofs-Almosenier der Königin, seine Gemahlin leitete die Erziehung der königlichen Kinder. Sie übten beide einen grofsen Einfluſs bei Hofe aus und verstanden es, aus der Staatskasse viele Millionen an Renten und Pensionen zu erhalten. Ein satirisches Bild aus der Zeit vor 1789 stellt den Herzog und seine Frau dar, wie sie dem königlichen Paar die Augen zuhalten (Gautier, *L'An 1789,* S. 175). Der Sohn beider hat 1830 als Minister Karls X. den endgiltigen

Duruy, Hist. de Fr.   1

Sturz des bourbonischen Thrones herbeigeführt. — Z. 9: le déficit. Es belief sich jährlich auf ungefähr 200 Millionen. — Z. 15: une perception moins coûteuse. Die sog. indirekten Steuern wurden an die Meistbietenden vergeben, und diese *(les traitants)* suchten nun ihrerseits auf Kosten des Volkes soviel als möglich herauszuschlagen. — Z. 20: Philippe-Auguste, 1180—1223, begründete das Werk der französischen Centralisation. — Z. 33: ministres insuffisants. Man denke besonders an Calonne (1783 — 1787) und Brienne (1787 bis 1788).

Seite 3, Zeile 8: des clubs. Der erste französische Klub ward 1782 gegründet: *Cl. politique*. 1785 gründete der Herzog von Orléans den *Club de Boston* oder *Cl. américain*. Der *Club Breton* hiefs auch *Cl. des jacobins*, weil sich sein Sitzungslokal in einem alten Dominikanerkloster der Rue Saint-Jacques befand. *(Jacobin* früher = *Dominicain.)* In diesem Klub, dem bis zum 6. Oktober 1789 nur Abgeordnete angehörten, wurde über dieselben Gegenstände verhandelt wie in der Nationalversammlung. Nach seinem Muster entstanden hundert andere in der Provinz, die mit dem Centralklub in Korrespondenz standen und von ihm ihre Losung erhielten, eine gewaltige elektrische Kette, wie A. Chénier sagt, die ganz Frankreich umspannte, vermittels deren die unthätige Mehrheit von einer energischen Minderheit tyrannisiert wurde. Auch auf die später eroberten Länder wurde das Klubwesen ausgedehnt. So z. B. als 1792 Custine in das Rheingebiet einbrach, entstanden bald allenthalben Klubs, in die, wie berichtet wird, auch zahlreiche katholische Geistliche und Mönche eintraten. Das Klubwesen artete schliefslich derart aus, dafs ein Gesetz von 1797 alle politischen Vereine überhaupt verbot. — Z. 13: curés de campagne. Bei schwerem Dienst hatten die Landpfarrer meist nur ein sehr dürftiges Einkommen, und die reichen adligen Pfründenbesitzer thaten fast nichts zur Aufbesserung ihrer Lage. — Z. 16: grands seigneurs—réformes. Der hohe Adel hatte viel Gelegenheit, mit der Elite des

Bürgerstandes zu verkehren, und nahm so manche von dessen Anschauungen an. — Z. 17: **La Fayette** (1757—1834) hatte einen hervorragenden Anteil am amerikanischen Freiheits- kampfe genommen *("Fils aîné de la liberté français").* — — **La Rochefoucauld-Liancourt** (1747—1827). Nach dem 10. August 1792 wanderte er aus, nach England und Amerika. Unter dem Konsulate kehrte er wieder heim und beschäftigte sich viel mit Fragen des Ackerbaues und der Industrie. — Z. 18: **Le comte de Montmorency** (1767—1826). Auch er hatte mit La Fayette in Amerika gekämpft. Trotz seiner liberalen Ver- gangenheit wurde er unter der Restauration ein eifriger Ultra. — **Lally-Tollendal** (1751—1830), Sohn des wegen angeb- lichen Verrates unschuldig enthaupteten Statthalters von Indien, dessen Ehrenrettung er unerschrocken betrieb und durchsetzte. Er war Anhänger des englischen Verfassungsideals. — Z. 18: **le vicomte de Noailles** (1756—1804), eng befreundet und ver- schwägert mit La Fayette, an dessen Seite er in Amerika ge- kämpft. Er starb im Dienste der Republik an den Wunden, die er in einem Seegefechte vor Habana erhielt. — Z. 27: **la décision du conseil.** Die Verordnung, welche die doppelte Vertretung des 3. Standes bestimmte, erschien am Neujahrstage 1789. *("les étrennes du peuple".)*

Seite 4, Zeile 10: le dernier des Gracques etc. Die Redner der französischen Revolution, mit nur ganz wenig Aus- nahmen, lieben es sehr, Erinnerungen aus dem klassischen Altertume anzubringen. In dem Falle der vorliegenden Flug- schrift, die während der Unruhen in Aix (dem alten Aquae Sextiae) erschien, lag die Erinnerung an Marius beson- ders nahe. — Z. 17: **les premiers éclats de cette éloquence.** Duruy meint seine politische Beredsamkeit. Denn als Gerichtsredner hatte sich Mir. schon 1783 in Aix offenbart. — Z. 25: **lettre de cachet** (eigentlich Petschafts- brief), Verhaftsbefehl, der nach reiner Willkür erlassen wurde und eine beständige Drohung gegen die persönliche Sicherheit bildete. — **l'île de Ré,** gegenüber La Rochelle. — **If** (lat.

1*

Hypaea), kleine Insel s. ö. von Marseille. — **Joux** im Jura. — **Vincennes**, ö. von Paris. — Z. 28: Ueber den 1776 veröffentlichten **Essai sur le Despotisme** schrieb ein damaliger Kritiker: *C'est l'ouvrage le plus fier qui ait encore été écrit sur cette matière. Il fut composé durant les dernières années d'oppression du règne de Louis XV, pour ranimer les restes d'une liberté mourante, pour opérer une révolution contre le ministère, dont il dépeint les injustices, les vexations, les atrocités avec une plume d'acier.*" Das lateinische Citat, aus Tacit. Agric. 3, bezieht sich auf die Herrschaft des Domitian. Gerade damals war Tacitus eine Lieblingslektüre der Franzosen. — Z. 31: **Il trafiqua de sa plume.** Um sich Geld zu einer Reise nach der Provence zu verschaffen, verkaufte der arg verschuldete Mirabeau die geheimen Schriftstücke seiner Sendung nach Preufsen, und diese erschienen 1789 unter dem Titel: *Histoire secrète de la cour de Berlin.* Diese Veröffentlichung rief einen grofsen Skandal hervor.

Seite 5, Zeile 3: **cahiers.** Nach einer schon bei den Reichsständen des 14. Jahrhunderts nachweisbaren Sitte wurden in jedem Bezirke die Wünsche eines jeden der 3 Stände in öffentlicher Sitzung festgestellt und schriftlich niedergelegt. — Z. 5: **la souveraineté du peuple.** Diese Lehre hatte durch Rousseaus *Contrat social* (1762) weite Verbreitung gefunden. Rousseau selbst hatte sie aus Lockes *Treatise on government* (1689), der damit die Herrschaft des auf dem Wege der Revolution in England zum Throne gelangten Königs Wilhelm theoretisch zu begründen suchte. Fast gleichzeitig tritt sie auch bei dem hugenottischen Theologen Jurieu auf. — Z. 14: **les derniers restes du servage.** Schon 1778 hatte Ludwig XVI. die Leibeigenschaft auf seinen Besitzungen abgeschafft, und manche Adelige waren seinem Beispiele gefolgt. Doch gab es 1789 immer noch an 1½ Millionen Leibeigene. — Z. 18: **la liberté du culte.** Fast bis 1789 sind die französischen Protestanten grausam verfolgt worden, namentlich in Südfrankreich. Oft genug wurden ihre in wüsten Gegenden

(„*L'Église du désert*") heimlich abgehaltenen Gottesdienste durch Truppen gesprengt. Die festgenommenen Geistlichen schickte man auf den Galgen, die übrigen Teilnehmer verurteilte man zu den Galeeren oder zu Peitschenhieben. — Wie die Protestanten, so haben auch die Israeliten Frankreichs erst von 1789 an freie Religionsübung erhalten. Daher wurde die Jahrhundertfeier der Revolution in allen französischen Synagogen am zweiten Sabbat des Monats Mai d. J. durch einen Danksagungsgottesdienst festlich begangen. — Z. 21: **unité de la législation** etc. Die französische Rechtspflege vor 1789 war ein Chaos. Es gab nicht nur königliche Gerichte, sondern auch gutsherrliche, geistliche und städtische in mannigfachen Abstufungen und Durchkreuzungen, noch bunter gemacht durch provinzielle Verschiedenheiten. Auch an außerordentlichen Gerichtshöfen fehlte es nicht, so namentlich der *Grand Conseil*, unter den seit 1755 das ganze Reich gehörte. — Z. 26: **assemblées provinciales.** Schon Turgot hatte solche Versammlungen vorgeschlagen, um das Volk allmählich zum politischen Leben zu erziehen. Die 1788 in vielen Provinzen, welche noch keine Stände hatten, eingeführten Versammlungen sind zu keiner praktischen Wirksamkeit gekommen. — Z. 31: **liberté de l'industrie.** Der von Turgot 1776 abgeschaffte Zunftzwang war nach dem Sturze dieses Ministers bald wieder hergestellt worden. — Z. 32: **douanes intérieures.** Die Folge der inneren Zollschranken war, daß der Preis einer Ware, bei Transport von einem Ende Frankreichs zum andern, bis auf das Dreifache des ursprünglichen Satzes steigen konnte.

Seite 6, Zeile 8: **les députés — présentés au roi.** Die Vorstellung erfolgte, getrennt nach Ständen, unter Formen, die den 3. Stand vielfach verletzten. — Z. 14: **l'étiquette** etc. Die Unterscheidung der 3 Stände nach der Tracht, wie sie vom Ceremonienmeister nach langen archivalischen Forschungen festgestellt worden war, machte einen schlechten Eindruck, da man darin die geheime Absicht zu erkennen glaubte, die Trennung der Stände auch für die Beratungen und Beschlüsse aufrecht zu erhalten. Diese Kleiderordnung wurde schon im Juni vielfach durchbrochen und im Okt. 1789 förmlich abge-schafft. — Z. 18: **sauf quelques hommes populaires.** Be-sonderen Beifall fand der damals sehr beliebte Herzog von Orléans (1747—1793, Vater des späteren Königs Ludwig Philipp), der sich zum Vertreter des Adels hatte wählen lassen. Er war ein geschworner Feind der Königin; später, als Kon-ventsmitglied, stimmte er für den Tod des Königs, wurde aber noch in demselben Jahre selbst enthauptet. — Z. 20: **l'en-thousiasme se ralluma pour le roi.** Wie beliebt damals der König war, kann man sich jetzt schwer denken. Die Ein-berufung der Stände hatte ihm die Herzen des Volkes gradezu erobert. — Z. 23: **la salle des Menus** (d. h. *plaisirs* = Saal für Hoflustbarkeiten). Dies war der gröfste damals in Ver-sailles vorhandene Saal, der ungefähr 2200 Personen fafste. Der Saal wurde später niedergerissen; das Gebäude selbst — *Hôtel des menus plaisirs* — befindet sich in der Nähe des jetzigen Rathauses. — Z. 25: **les trois ordres.** Die Gesamt-zahl der Abgeordneten war damals 1145. Durch die etwas später erfolgende Pariser Wahl stieg sie Ende Mai auf 1213, eine sehr hohe Ziffer, die von den späteren parlam. Versamm-lungen Frankreichs nie mehr erreicht worden ist. Sowohl die Legislative wie der Konvent hatten nur je 745 Mitglieder. — Z. 27: **l'évêque de Nancy.** Er zeichnete in seiner Predigt ein ergreifendes Bild von den Leiden der Landbevölkerung und erntete damit lebhaftesten Beifall bei der Zuhörerschaft.

Seite 7, Zeile 2: **204 curés.** Die Pfarrer waren 1789 zum erstenmale in den Reichsständen vertreten. — Z. 8: **consuls**, eine im Süden früher häufige Bezeichnung für *maire*. —**magistrats-avocats.** Die Versammlung bestand ungefähr zum dritten Teile aus Juristen. Diese hatte man mit Rücksicht auf die bevorstehenden gesetzgeberischen Arbeiten und wegen ihrer rednerischen Talente gewährt. — Z. 9: **bailliage**, Amts-gericht(sbezirk), von *bailli*, Amtmann. Dasselbe ungefähr be-deutet **senéchaussé**, von *sénéchal.*

Seite 8, Zeile 15: la manière dont on délibérerait.
Es war ein grofser Fehler der Regierung, dafs sie nicht gleich
von Anfang an die gemeinschaftliche Beratung der Stände aus
eigner Initiative festsetzte. Die Unentschiedenheit, mit der sie
hier verfuhr, mufste den Streit zwischen den Ständen entfachen,
und das hat verhängnisvolle Folgen gehabt.

Seite 9, Zeile 3: l'abbé Sieyès (aus Fréjus, 1748—1836).
Wie Mirabeau, hatte sich auch S. vergebens um die Vertretung
seiner Standesgenossen beworben und war dafür vom 3. Stande
gewählt worden. Er war besonders in den Ausschüssen angesehen, während er sich zum Redner wenig eignete. Später
sass er im Konvente, wo er meistens schwieg; dann im Rate
der 500. 1798 wurde er Gesandter in Berlin, 1799 Mitglied
des Direktoriums. Als Konsul neben Bonaparte war er ganz
bedeutungslos. Seine wichtigste That ist die schon erwähnte
Flugschrift von 1789. — Z. 4: **Assemblée nationale.** Die
Konstituierung des 3. Standes als Nationalversammlung war
ohne Frage ein Bruch des bestehenden Rechtsstandes, aber die
Regierung selbst trug durch ihre unkluge Haltung ein gutes
Teil der Schuld daran, dafs der 3. Stand auf die Bahn der
Revolution geriet. — Der Name *A. n.* kommt schon seit Monaten in der damaligen Flugschriftenlitteratur vor. — Z. 10:
17 juin. Diese Sitzung schlofs noch mit dem Rufe *Vive le
Roi!* Man vermeinte damals noch im Einklange mit dem
Könige zu sein, der ja die doppelte Vertretung des 3. Standes
festgesetzt hatte. — Z. 17: **l'abbé Maury** (aus Valréas, 1746
—1817), einer der Wortführer des Klerus, von mäfsiger staats-
männischer Begabung, aber in hohem Grade ehrgeizig, dazu
ein leidenschaftlicher Redner, wie ein Südfranzose es nur sein
kann. Er trat mit grofser Zähigkeit für die Vorrechte seines
Standes ein, erkannte aber schliefslich das Vergebliche seiner
Bemühungen und wanderte aus. Der Papst ernannte ihn zum
Kardinale. — Z. 26: **Bailly** (1736—1793), ebenso bedeutend
als Gelehrter wie ehrenhaft als Charakter. Er war der erste
Maire von Paris, bis Nov. 1791, und wurde wegen seines mann-

haften Auftretens gegen das Jakobinertum enthauptet. Von ihm hat man eine Geschichte der Astronomie, und „*Mémoires d'un témoin oculaire de la Révolution*". — Z. 29: **champs de mai.** Die alten Franken pflegten, ursprünglich im März, dann im Mai und in noch anderen Monaten grofse Versammlungen zu halten, die etwa seit Pipin einen gesetzgeberischen Charakter hatten. — Z. 31: **Jeu de paume,** Ballspiel. *(Paume,* von *palma,* flache Hand, weil der Ball ursprünglich mit der flachen Hand aufgefangen und zurückgeworfen wurde. Später gebrauchte man dafür ein Ballnetz *(raquette)*. Dies Spiel war früher in Frankreich sehr beliebt, namentlich beim Adel, dem es ursprünglich vorbehalten war. Ballspielhäuser gab es daher sehr viele, sowohl in Paris wie in der Provinz. Ihre inneren Wände waren schwarz, damit die weifsen Bälle sich deutlich von ihnen abheben konnten. Etwa seit 50 Jahren ist das Spiel aufser Gebrauch gekommen.

Seite 10, Zeile 1: **le serment solennel.** A. Chénier machte diesen Eidschwur zum Gegenstande eines begeisterten Hymnus. David wollte ihn in einem grofsen Gemälde behandeln. Doch ist dasselbe eine Skizze geblieben. — Z. 4: **le comte d'Artois.** Dafs er sein Lieblingsspiel gerade an jenem Tage und an jenem Orte pflegte, kennzeichnet ihn. An den Entschlüssen seines königlichen Bruders hatte er damals einen grofsen Anteil. — Z. 12: **séance royale.** Damals erschien das französische Königtum zum letztenmale in seinem alten Glanze, aber sein moralisches Ansehen wurde an eben diesem Tage zu Grabe getragen. — Z. 26: **Mirabeau répondit.** Der Wortlaut dieser Antwort wird verschieden berichtet, und es scheint unmöglich, ihn genau festzustellen. Über den Sinn aber kann kein Zweifel sein, und die damalige Haltung Mirabeaus, mehr die des Volkstribunen als die des monarchischen Staatsmannes, hat sicher viel dazu beigetragen, den König von ihm fern zu halten. Freilich war die Antwort ein Zornesausbruch, und es wäre leicht, ihr zahlreiche Äufserungen aus seinen Reden gegenüberzustellen, welche der monarchischen Gesinnung Mirabeaus klaren Ausdruck geben.

Seite 11, Zeile 7: **l'inviolabilité de ses membres.** Viele Abgeordnete fürchteten damals Gefangensetzung in der Bastille. — Z. 17: **qu'on les y laisse.** Das Auftreten des Königs in der Sitzung am 23. Juni war eine ihm von der Hofpartei aufgedrängte Rolle. Angesichts des entschiedenen Widerstandes auf den er stieſs, fehlte es ihm an Mut, den gefaſsten Plan durchzuführen. — Z. 18: **Necker, un instant éloigné.** Die königl. Sitzung, der Necker nicht beiwohnte, war gegen seine Absichten ausgeführt worden. — Z. 20: **Ils obéirent.** Freilich ließ sich nicht wieder gut machen, was in jenen kritischen 6 Wochen gefehlt worden war. Denn nunmehr erschienen die Privilegierten als Besiegte, und der Groll der Volkspartei gegen sie hatte Zeit gehabt, Wurzeln zu schlagen.

Seite 12, Zeile 3: **le maréchal de Broglie** (1718—1804) hatte sich im siebenjährigen Kriege durch geschickte Führung einen Namen gemacht. — Z. 6: **le Royal-Allemand.** Diese Bezeichnungsweise der Regimenter wurde von der Constituante abgeschafft und durch die seitdem üblichen Nummern ersetzt. — Z. 13: **les grades supérieurs — réservés aux nobles à quatre quartiers.** Diese erst 1781 erschienene Verordnung erregte ungeheure Unzufriedenheit und trieb viele der tüchtigsten Kräfte aus dem Heere heraus. — Noch unter Ludwig XIV. hatte ein Bürgerlicher Marschall werden können. — Z. 15: **dans le budget, les officiers figuraient pour 46 millions.** Das französische Heer zählte damals an 1200 Generäle. — Z. 22: **le jardin du Palais - Royal.** Dieser Garten, der als Eigentum der Familie Orléans nicht der Polizei unterstellt war, bildete ein Hauptstelldichein für allerhand Müſsiggänger und Abenteurer. — Z. 29: **l'Abbaye.** Gemeint ist die damals als Militärgefängnis benutzte *A. Saint-Germain -des-Prés,* in der 1792 die berüchtigten Septembermorde ihren Anfang nahmen. Sie wurde 1854 niedergerissen.

Seite 13, Zeile 1: **Ont-ils observé, s'était écrié Mirab.**

Das war in der Rede vom 8. Juli, worin er nachdrücklich auf die Notwendigkeit hinwies, die Truppen von Paris und Versailles zu entfernen. — Z. 10: **le renvoi et l'exil de Necker.** Da man N. strenges Schweigen auferlegt hatte, so wurde die Nachricht erst am 12. Juli, einem Sonntage, in Paris bekannt. — Z. 16: **une Saint-Barthélemy de patriotes.** Dieser Ausdruck wurde ein geflügeltes Wort, und findet sich seitdem öfters in den Reden der Revolutionszeit. — Z. 18: **champ de Mars** (nicht zu verwechseln mit *ch. de mars,* vgl: zu S. 9, Z. 29) ist ein großer, zwischen dem linken Seine-Ufer und der École militaire gelegener Platz, der besonders zu militärischen Übungen dient. Derselbe Platz diente 1867 zur Weltausstellung, und ebenso jetzt, 1889. Der Name ist natürlich vom alten Rom entlehnt *(Campus Martius).* — Z. 20: **les feuilles — prises pour cocarde.** Dies Abzeichen gab man schon am nächsten Tage wieder auf, als bekannt wurde, daß die Dienerschaft des Grafen von Artois grüne Livree trug. — Z. 34: **la place Louis XV** (jetzt *place de la Concorde).* Hier stand später das Schafott, auf dem Ludwig XVI. starb.

Seite 14, Zeile 1: Champs-Élysées. So hieß seit dem 18. Jahrhundert die Promenade am rechten Seine-Ufer, die früher den Namen *Cours-la-Reine* hatte (weil von Maria von Medici angelegt). Daran stößt der Garten des *Palais de l'Élysée,* der zu Anfang der Regierung Ludwigs XV. erbaut wurde. — Z. 11: **le comte de Clermont-Tonnerre** (1747—1792) ein ebenso liberal als entschieden monarchisch gesinnter Mann, der als Redner gern gehört war. Am 10. August 1792 wurde er ermordet. — Z. 16: **une municipalité nouvelle.** Die alte Gemeindevertretung bestand aus dem *Prévôt des marchands,* und 4 Schöffen *(échevins),* hatte aber keinerlei wirkliche Macht. Ihre Ernennung lag thatsächlich beim Könige. — Z. 29: **garde bourgeoise.** Schon am 8. Juli beantragte Mirabeau, aber vergebens, die Einrichtung einer Bürgerwehr in Versailles und Paris. Damals hätte sie noch unter der Autorität des Königs

gebildet werden können, jetzt aber ging die Bildung vom
Volke aus. — Z. 32: **la journée du 14.** An jenem Tage
herrschte in Paris das schönste Wetter, und der Augenzeuge
Béranger sang 40 Jahre später historisch treu den Refrain:
„Un beau soleil a fêté ce grand jour". (In: *Le 14 Juillet*.)
Damals, wie noch jetzt, fanden Volksaufläufe in der Regel bei
schönem Wetter statt, und Bailly, dem bald darauf als
Oberbürgermeister von Paris die Aufrechterhaltung der Ruhe
oblag, schreibt in seinen Memoiren, er habe bei regnerischem
Wetter allemal erleichtert aufgeatmet.

Seite 15, Zeile 7: La Bastille. Mehrere Jahre vor 1789
schrieb Séb. Mercier in seinem *Tableau de Paris:* „*La Bastille
a tenu bon,* (es war die Rede gewesen, sie bei Niederlegung
des Antonthores zur Erleichterung des Verkehrs friedlich ab-
zutragen) *et ce monument odieux en tout sens choque encore
nos regards; la Bastille est encore debout quoique nous l'ayons
rasée dans nos esprits; mais il faut qu'elle tombe un jour.*"
Linguet, der lange darin geschmachtet, gab 1783 in London
seine Memoiren heraus, auf deren Titelblatt man die Bastille
vom Blitz getroffen sieht. — Z. 15: **Ils y pénétrèrent.** Nur
7 Gefangene fand man in der Bastille: vier von ihnen als
Fälscher, einer wurde wegen liederlichen Lebens auf Verlangen
seines Vaters gefangen gehalten, dazu 2 Greise, die wahn-
sinnig geworden waren und die man in eine Irrenanstalt über-
führen mußte. Man sieht daraus, daß in der Zeit unmittelbar
vor der Revolution nur ein sparsamer Gebrauch von der
Bastille gemacht wurde. Immer aber war sie in den Augen
des Volkes ein Symbol der Willkür. Denn die darin gefangen
Gehaltenen befanden sich nicht kraft eines richterlichen
Spruches dort.

Seite 16, Zeile 12: sa première journée. Am Abend
dieses Tages, wo die Hauptstadt offen auf die Seite der Revolution trat, — eine Thatsache von größter Bedeutung für das
centralisierte Frankreich, — schrieb Ludwig XVI. in sein Tagebuch das Wort: *Rien.* Mit diesem Worte kennzeichnete er die

Tage, wo er nicht auf die Jagd ging. — Z. 16: révolution. Das Wort war damals nichts Neues, sondern schon seit etwa 1750 in aller Munde. (Vgl. Rocquain, *Esprit révolutionnaire avant la Révol.* Paris 1878.) — Z. 18: Les temps étaient accomplis. Ein neutestamentlicher Ausdruck. Vgl. Marc. 1, 15 *impletum est tempus* etc. — Z. 19: il se rendit à l'Assemblée. Am Morgen des 15. Juli.

Seite 17, Zeile 10: „Le silence du peuple est la leçon des rois." Dies geflügelte Wort stammt aus der Leichenrede, welche M. de Beauvais, Bischof von Senez, auf Ludwig XV. hielt. — Z. 15: qu'il se fiait à l'Assemblée nationale. Damals zuerst gebrauchte der König den Ausdruck: *Ass. nat.* — Z. 19: il y entra. Dieser Einzug in Paris fand am 18. Juli statt. Vorher hatte der König sein Testament gemacht und kommuniziert. — Z. 24: Bailly — nommé maire de Paris, d. h. nicht durch den König, sondern durch die Wahlmänner von Paris. — Bekanntlich hat Paris seit der Revolution keinen Maire mehr. Noch jetzt versieht der Seinepräfekt die Geschäfte des Maire. — Z. 26: les mêmes qui furent présentées à Henri IV. Die Zusammenstellung Ludwigs XVI. und Heinrich IV. war vor der Revolution sehr gebräuchlich. Es giebt Medaillons aus jener Zeit, worauf sein Kopf neben dem Heinrichs IV. (und Ludwigs XII.) erscheint. — Z. 30: Il n'était point l'homme qu'il fallait. Vollständig fehlte ihm besonders die Redegabe. — Z. 35: la garde nationale. Die Armee war durch Fahnenflucht von 30000 Soldaten und Austritt von 2000 adligen Offizieren arg zerrüttet, und zu einer Reorganisation kam es unter der Constituante nicht. So sah man in der Nationalgarde die einzige Rettung angesichts der drohenden Anarchie. Freilich hat auch sie die Hoffnungen nicht erfüllt, die man auf sie setzte; denn für ernsten Dienst zeigte sie sich nicht gewachsen. In jenen ersten Tagen war man begeistert für sie, besonders für die Uniform. Der blaue Rock mit den roten Aufschlägen und der weißen Weste war damals überall zu finden. Die dreifarbige Kokarde trug man auch bei bürgerlicher Kleidung.

Seite 18, Zeile 11: Nach Taine hat es in den 4 Monaten vor dem Bastillensturm über 300 lokale Aufstände in Frankreich gegeben. — Z. 16: **jacquerie,** Bauernaufstand, so genannt nach dem Ausdrucke *Jacques Bonhomme,* mit dem man früher den Bauern bezeichnete. Berüchtigt ist der grofse französische Bauernaufstand von 1358, der von furchtbaren Verwüstungen und Grausamkeiten begleitet war. — Z. 20: **tous les privilèges tombent.** Es kostete mehrere Tage Arbeit, die damals sich drängenden Beschlüsse in den gebührenden Formen aufzusetzen. — Z. 23: **le rachat de tous ces droits sauf de ceux qui etc.** Erst die Legislative hat im Juni 1792 alle Vorrechte unterschiedslos beseitigt. — Z. 26: **cette nuit vit naître l'égalité.** Sybel 1,69: Der Gewinn des 4. August ist für alle Zeiten gewonnen: die Freiheit der Arbeit, die Gleichheit der Rechte, die Einheit des Staates." Ranke, Ursprung und Beginn der Revolutionskriege, S. 48: „Was man die Ideen von 1789 nennt, ist vor allen Dingen in den Beschlüssen der Nacht des 4. August enthalten. Sie haben eine neue Ära, nicht allein ür Frankreich, sondern für den ganzen Kontinent begründet." — Einige Jahre später führten die Beschlüsse der 4. Augustnacht zum Kriege mit Deutschland. Denn die geistlichen und weltlichen Herren des rechten Rheinufers, die im Elsafs Besitzungen hatten, fanden sich durch Aufhebung der Feudalrechte geschädigt und weigerten sich, die ihnen von Frankreich angebotenen Abfindungsgelder anzunehmen. Darüber lange Verhandlungen und schliefslich der Krieg.

Seite 19, Zeile 5: **une déclaration des droits de l'homme.** Etwas ursprünglich in Frankreich Entstandenes sind die berühmten „Menschenrechte" nicht. Denn sie finden sich schon ein Jahrhundert früher bei Locke, nur haben die französischen Schriftsteller der Aufklärung, Voltaire, Rousseau, Montesquieu u. a., sie weiter entwickelt und verbreitet, auch nach Amerika, und dort zuerst wurden sie in die praktische Politik eingeführt. So in

der Unabhängigkeitserklärung von Philadelphia, 1774. Sie
finden sich sowohl in den nordamerikanischen Einzelverfassungen,
sei es an der Spitze des Textes, sei es im Innern, wie auch
in der allgemeinen Bundesverfassung (unter „*Amendments*").
Noch ein anderes Analogon bietet das 1794 erschienene preufsi-
sche Landrecht, an dem schon ungefähr seit 1780 gearbeitet
worden war. Wie der französischen Verfassung von 1791 die
Menschenrechte vorangehen, so ist dem preufsischen Land-
rechte ein allgemeiner Teil vorausgeschickt, worin von der
Aufgabe des Staates, von der Stellung der Bürger zum Staate,
von den Rechten und Pflichten des Staatsoberhauptes die Rede
ist. Schon ein deutscher Publizist von damals meinte, wenn
auch mit Übertreibung, dafs alle die 17 Artikel der französischen Menschenrechte wörtlich oder dem Geiste nach in dem
allgemeinen Teile des preufsischen Landrechtes enthalten seien.
Die politische Aufklärung war eben im 18. Jahrhundert eine
Thatsache von weitester Verbreitung. — Zur Sache selbst bemerkt Sybel 1,73: „Alles überlieferte Recht war streitig, un-
sicher, dem neuen Freiheitsbewufstsein verhafst; man hatte
das tiefe, heifse, richtige Gefühl, dafs der künftige Staat auf
dem Grunde einer völlig anderen Anschauung der Welt und
der Sitte aufgebaut werden müsse, und nichts lag näher als
der Wunsch, vor allem die leitenden Grundsätze dieser Anschauung klarzustellen. In diesem Sinne wird die Erklärung
der Rechte, trotz aller ihrer verderblichen Fehler und Unvoll-
kommenheiten, ein gewaltiger Markstein auf der Grenze zweier
Weltalter bleiben." Die Gefahr sieht Sybel in den zahllosen
Mifsverständnissen, denen die praktische Anwendung so all
gemeiner Sätze unterliegen mufste, bei einem Volke, das zur
Selbstregierung so schlecht erzogen war, wie das französische.
— Z. 11: **Mounier** (1758—1806) aus Grenoble, hatte 1788
auf dem Provinziallandtage der Dauphiné eine bedeutsame
Rolle gespielt, die sich aber in Versailles nicht fortsetzte.
Nach den Oktobertagen floh er entmutigt ins Ausland. —
Z. 20: **Breteuil** (1733—1807), Hausminister des Königs, später

sein geheimer Unterhändler bei den fremden Mächten. — Z. 22:
Bouillé (1739—1800) bekleidete damals ein Kommando in
den Ostprovinzen. Später kämpfte er in den Reihen der Koalition.
Von ihm hat man: *Mémoires sur la Révol. fr.* — Z. 32:
O Richard, ô mon roi etc. Eine bekannte Melodie aus
Grétrys Oper: *Richard Cœur de Lion* (Text von Sedaine), die
sich bis in neuere Zeit auf der Bühne erhalten hat. Der
Text ist:

> „*O Richard, ô mon roi!*
> *L'univers t'abandonne!*
> *Sur la terre il n'est donc que moi*
> *Qui m'intéresse à ta personne?*
> *Moi seul, dans l'univers,*
> *Voudrais briser tes fers,*
> *Et tout le reste t'abandonne.*
> *Et sa noble amie, hélas!*
> *Son cœur doit être navré de douleur,*
> *Oui, son cœur est navré de douleur.*"

— Z. 33: des Uhlans. Das Wort *Uhlan* wird so behandelt,
als wenn es mit *h aspiré* anlautete, offenbar, weil man dem
fremdartig klingenden Wort seine Eigenart rein und voll
ausgeprägt erhalten will.

Seite 20, Zeile 7: un hiver d'une rigueur inouïe. Am
Sylvestertage 1788 hatte man in Paris 18½ Grad Réaumur.
Da alle Flüsse gefroren waren, selbst die reißende Rhone (was
man seit 1695 nicht erlebt hatte), so konnten die Kornschiffe
nicht mehr verkehren. Auch das Meer war bis 2 Stunden
weit von der Küste gefroren. Diese Kälte herrschte in jenen
Monaten über ganz Europa: sogar auf dem großen Belt konnte
man damals Schlittschuh fahren. — Z. 27: La Fayette. Die
neuere Geschichtschreibung stellt sein Verhalten an jenen
Tagen in weniger günstigem Lichte dar. La Fayette war ein
ehrgeiziger, eitler Mann, der besonders sein Interesse verfolgte.

Seite 21, Zeile 9: 5 et 6 octobre. Das Tagebuch Ludwigs XVI. enthält für jene 2 Tage folgende Einträge: 5. oct.:

Chasse à Chatillon, tué 81 pièces; interrompu par les événements. — 6. oct.: Départ pour Paris à midi et demi; visite à l'hôtel de ville; soupé et dormi aux Tuileries." — Z. 10: **L'Assemblée commit la faute de suivre le prince à Paris.** Die Franzosen hätten damals von dem Beispiele der Amerikaner lernen können. Nach verschiedenen Versuchen, den Kongrefs in alten Städten, wie Philadelphia, New-York, tagen zu lassen, wobei es zu Streitigkeiten mit den betr. Gemeindebehörden gekommen war, verfiel man auf den Gedanken, eigens für den Kongrefs eine Stadt zu gründen. Das wurde bekanntlich Washington. Im Januar 1793 erinnerte Buzot im Konvente daran, aber da war es schon zu spät. — Z. 12: **le manège, près des Tuileries.** Dieser Saal der Reitbahn war nicht so grofs wie der von Versailles, denn er fafste nur etwa 1800 Personen. Hier tagte auch die Legislative, und der Konvent in den ersten 7¹/₂ Monaten seines Bestehens, ebenso später der Rat der 500. Die Tuilerien waren so nahe, dafs Mirabeau auf der Tribüne die berühmten Worte sagen konnte: *„De cette tribune, d'où je vous parle, on aperçoit la fenêtre d'où la main d'un monarque français armé contre ses sujets par d'exécrables factieux tira l'arquebuse qui fut le signal de la Saint-Barthélemy."* — Z. 19: **l'émigration.** Diese Bewegung hatte einen verhängnisvollen Einflufs auf die Revolution. Die Drohungen, welche die Ausgewanderten vom Auslande her gegen die neue Ordnung der Dinge laut werden liefsen, oft nur eitle Prahlerei, wurden vom französischen Volke für bare Münze genommen, und man gewöhnte sich daran, die Rückkehr der Emigranten für gleichbedeutend mit der Wiederaufrichtung der verhafsten alten Zustände anzusehen. Der Hof und der zurückgebliebene Adel hatten schwer dafür zu büfsen.

Seite 22, Zeile 1: **place de Grève**, eigentlich Strandplatz, weil an der Seine gelegen. Dort stand das Stadthaus, dort fanden Volkslustbarkeiten und Hinrichtungen statt, dort pflegten sich auch arbeitslose Leute zusammenzufinden. Daher der Ausdruck: *se mettre en grève* = streiken, und *gréviste* =

streikender Arbeiter. — Z. 17: le duc de Bourbon (1756 bis 1830) war der letzte seines Geschlechtes. Sein Sohn war der Herzog von Enghien (1772—1804), den Napoleon in Vincennes erschiefsen liefs. — Z. 19: dès le lendemain de la prise de la Bastille. Am 18. Juli. Das Wort *lendemain* ist nicht immer buchstäblich gemeint. — Z. 24: Dieser **Larivière** gab später als Gemeindebeamter in Paris seiner Königstreue so unerschrocken Ausdruck, dafs er mit als Opfer der Septembermorde fiel.

Seite 23, Zeile 4: Chateaubriand (1768—1848), Begründer der Romantik, besonders grofs als Stilist. 1790 verliefs er Frankreich und ging nach Amerika, von wo er auf die Nachricht von der Flucht des Königs nach Europa zurückkehrte. In London lebte er längere Zeit in drückender Not. — Z. 19: **Montesquieu** (1689—1755), berühmter Rechtsphilosoph, dessen Hauptwerk *L'Esprit des Lois* ist.

Seite 24, Zeile 8: elle réduisait le monarque etc. Das tiefe Mifstrauen, welches man gegen Ludwig XVI. hatte, drückte sich darin aus, dafs man ihm jede wirkliche Macht nahm, sogar das Begnadigungsrecht. Er war lediglich ausführender Beamter, welcher der Nationalversammlung zu gehorchen hatte. Auch von der Exekutive hatte er nur den Schein, denn die Organe derselben wurden nicht durch ihn ernannt, sondern vom Volke gewählt. Ein solches Scheinkönigtum konnte auf die Dauer nicht bestehen. — Z. 10: **liste civile.** Einrichtung wie Name stammt von England, wo man seit der Revolution von 1688 eine Trennung zwischen Staatshaushalt und Hofhaushalt einführte. Mit dem 10. August 1792 verschwand in Frankreich die Civilliste wieder.

Seite 25, Zeile 14: Création des départements. Die Neueinteilung Frankreichs war ein von der Bevölkerung längst gefühltes Bedürfnis, das in den *Cahiers* lebhaft zum Ausdruck gekommen war. Denn die Interessen der Bewohner wurden durch die vielfach übereinandergreifenden und sich kreuzenden Grenzen der verschiedenen Verwaltungsbezirke empfindlich geschädigt. Die Neueinteilung wurde mit grofser Umsicht ausgeführt, und dabei die Wünsche der Bevölkerung thunlichst berücksichtigt. An mehr als einer Stelle fallen die alten Provinzialgrenzen mit den Grenzen der Departements zusammen.

Seite 26, Zeile 1: districts. Dieses Wort entspricht also ungefähr dem jetzigen *arrondissement.* Nur waren die *districts* viel zahlreicher als die jetzt entsprechenden Einteilungen. — Zu bemerken ist, dafs die Konstituante an die Spitze der Verwaltungsbezirke keinerlei Beamten setzte, die den jetzigen Präfekten und Unterpräfekten entsprochen hätten. An der Spitze des Departements stand ein aus 8 Mitgliedern bestehendes *Directoire,* und an der Spitze der Distrikte ein ebensolches aus 4 Mitgliedern. Man erkennt hier unschwer eine Reaktion gegen die verhafste Einrichtung der Intendanten und Subdelegierten des alten Frankreichs. Überhaupt wurde die von der Monarchie begründete Centralisation stark gelockert und die Gemeinden so unabhängig von der Centralgewalt gemacht, dafs man sagen konnte, Frankreich bestehe aus 44000 kleinen Republiken. Die Kaiserin Katharina bemerkte einmal sarkastisch, Frankreich habe 1200 Gesetzgeber, denen niemand gehorche als der König. — Z. 7: **la hideuse banqueroute.** Seine berühmte Rede über den Staatsbankrott (26. Sept. 1789), die glänzendste Stegreifrede, die er gehalten, schlofs Mirabeau mit den Worten: *„Aujourd'hui, la banqueroute, la hideuse banqueroute est là; elle menace de consumer, vous, vos propriétés, votre honneur, . . . et vous délibérez!"* — Z. 26: **C'est ce qui fut décidé le 2 novembre 1789.** Dieser Beschlufs wurde damals auf volkstümlichen Bilderbogen allegorisch dargestellt, mit der Unterschrift: *„Enterrement de très haut, très puissant et magnifique seigneur Clergé, décédé en l'Assemblée nationale, le jour des Morts, 1789."* Z. 27: **les domaines de l'Église furent mis à la disposition de la nation.** Die französische Revolution hat nicht zuerst solche Einziehungen vorgenommen. Schon der Westphälische Frieden verfügte Säkularisationen in grofsem Mafsstabe. Ähnlich verfuhr die Kaiserin Katharina bei ihrem Regierungsantritte, und später Joseph II. — So einschneidend die Mafsregel auch war, hätte sich der Klerus schliefslich darein ergeben, wenn nicht noch die Civilverfassung erlassen worden wäre. (Vgl. S. 33 des Textes.)

Seite 27, Zeile 5: vendre tous ces biens. Der ländliche Mittelstand beruht in Frankreich wesentlich auf der Gütereinziehung der Revolution. Er hat jetzt ungefähr $\frac{1}{3}$ des Grundbesitzes inne, während der Kleinbesitz mit ungefähr $\frac{1}{3}$ das geblieben ist, was er früher war. — Z. 17: **l'abus des assignats.** Die Konstituante gab an 1800 Millionen Assignaten aus, die Legislative ungefähr die Hälfte. Der Konvent aber überschritt jedes Mafs und liefs 1794 eine Zeitlang täglich für 100 Millionen herstellen. Da sank ihr Wert natürlich reifsend. — Z. 24: **L'Ass. détruit les parlements.** Die 13 Parlamente (Paris, Toulouse, Grenoble, Bordeaux, Dijon, Rouen, Aix, Rennes, Metz, Pau, Douai, Besançon, Nancy) waren keine politischen, sondern richterliche Körperschaften, und zwar waren sie besonders als Appellationsgerichte thätig, wenn sie auch für gewisse Fälle in erster Instanz entschieden. Freilich hatten sie unter der Monarchie wiederholt versucht, eine politische Rolle zu spielen. Ein ähnlicher Versuch 1789 hatte ihre Aufhebung zur Folge. Die Inhaber der Ratsstellen wurden mit der Summe von 350 Millionen entschädigt. — Z. 26: **prévôté royale**, königliches Gerichtsamt, war ein Gericht erster Instanz. — Z. 28: **L'Ass. détruit la cour des comptes.** Die Oberrechnungskammer wurde 1807 von Napoleon wiederhergestellt. — Z. 31: **un tribunal de cassation.** Man beachte, dafs es aufser diesem Oberappellationsgerichte keine eigentlichen Appellationsgerichte niederer Instanz gab. Anstatt dessen liefs man einfach eins der dem ursprünglich entscheidenden Gerichte benachbarten Gerichte als Appellationsgericht entscheiden. Diese eigentümliche Organisation erklärt sich aus dem Bestreben, die durchaus unpopulär gewordenen Parlamente nicht wieder unter neuem Namen aufleben zu lassen.

2*

Seite 28, Zeile 3: **un jury.** Diese aus England herüber-
genommene Heranziehung des Laienelements zur Rechtspflege
trat damals in doppelter Form auf. Es gab eine *Jury d'accusation* (1808 wieder beseitigt), die zu befinden hatte, ob jemand
in Anklagezustand zu versetzen sei, und eine *Jury de jugement,* die über die Schuldfrage zu befinden hatte, während die
Strafe, wie noch jetzt, von den Berufsrichtern bestimmt wurde.
Z. 13: **un code de lois civiles.** Das bürgerliche Gesetzbuch
Frankreichs ist bekanntlich erst unter dem Konsulat vollendet
worden. *(Code Napoléon.)* — Z. 15: **les magistrats — élus
pour dix ans.** Es war unlogisch, dafs man im Namen des
Königs Recht sprechen liefs, diesem selbst aber die Ernennung
der Richter entzog. Man verfuhr so aus Mifstrauen gegen den
König, sah aber nicht, dafs die Richter bei der Volkswahl in
Abhängigkeit von den Parteien geraten mufsten und dafs dadurch die Unparteilichkeit der Rechtspflege eine schwere Ein-
bufse erlitt, zumal die Wahl nicht auf Lebenszeit erfolgte. So
wohlthätig die Konstituante auf die Rechtspflege in vieler Beziehung gewirkt hat, — sie führte auch das öffentliche Ge-
richtsverfahren ein, schaffte die Folter ab, gab dem Ange-
klagten einen Verteidiger, und liefs als einzige Form der
Todesstrafe die Enthauptung zu, — so hat sie doch andererseits mit Einführung der Richterwahl durch das Volk einen
schweren Fehler begangen. — Z. 25: **l'impôt des patentes.**
Die Gewerbesteuer wurde 1791 durch dasselbe Gesetz eingeführt, welches die alten Innungen aufhob.

Seite 29, Zeile 5: **système uniforme de poids et mesures.** Nach Philipp von Commines war dies schon ein Gedanke Ludwigs XI. gewesen.

Seite 30, Zeile 7: **roi des Français.** Man beachte die
Änderung des Titels gegen früher, wo es hiefs: *Roi de France.*
Ludwig XVIII. und Karl X. nannten sich wieder nach alter
Weise: *Roi de France,* während Ludwig Philipp den Titel
Roi des Français annahm, wie sich auch die beiden Napoleon:
Empereur des Français nannten. Ähnlich: *Roi des Belges,*

und *Roi des Hellènes.* — Z. 22: **le plus beau jour de la révol.** Nicht nur in Frankreich wurde der 14. Juli 1790 feierlich begangen, auch in Deutschland findet man damals an verschiedenen Punkten festliche Veranstaltungen. So hatten die Karlsschüler in Stuttgart an jenem Tage eine heimliche Feier, bei der Georg von Kerner den Adelsbrief seines Geschlechtes in das Feuer warf. Das gröfste Aufsehen aber erregte damals das Hamburger Fest. Genau in dem Augenblicke, wo die Sonne in den Meridian von Paris trat, 12 Uhr 42 Minuten, gab ein Kanonenschufs das Zeichen zum Beginn dieser Feier, bei der Klopstock, mit der französischen National-kokarde geschmückt, zwei begeisterte Oden vortrug. Die anwesenden Damen trugen dreifarbige Gürtel. — Z. 27: **les clubs.** Ende 1790 gab es in Frankreich an 200 einheitlich organisierte Jakobinerklubs. Später zählten sie nach Tausenden, und waren fafst in jedem gröfsern Dorfe zu finden. Freilich stellten sie auch da immer nur eine Minderheit der Bevölkerung dar (Taine schätzt sie auf durchschnittlich 10% der Wähler), aber durch straffe Organisation und Energie beherrschten sie die Mehrheit und wurden allmählich eine tonangebende Macht. Von freien Wahlen war unter ihrer Herrschaft keine Rede. An vielen Orten zwang man die Wähler verfassungswidrig sogar zu lauter Abstimmung.

Seite 31, Zeile 8: les deux Lameth. Die Brüder Lameth hatten beide in Amerika gekämpft. Der bedeutendere war Alexander L. — **Duport**, ein ehemaliger Parlamentsrat, galt als ein sehr kluger Kopf. — Z. 9: **Barnave**, protestantischer Advokat aus Grenoble, war ein Lieblingsredner der National-versammlung. Er besafs in glänzender Weise die damals noch seltene Gabe der Stegreifberedsamkeit, freilich aber nicht die Kraft und Leidenschaft, über die Mirabeau verfügte. — Die besondere Beanlagung der drei Männer, des sog. Triumvirats, wird mit dem bekannten Ausspruche bezeichnet: *„Ce que Duport pense, Lameth le fait, Barnave le dit.“* — Z. 12: **Cordeliers.** Dies ist eine französische Bezeichnung für Franzis-

kanermönch. Der nach ihnen genannte Klub war eine Art
demokratischer Vorhut der Revolution. Er tagte bei offenen
Thüren, in steter Berührung mit dem Volke der Strafsen, und
war bei diesem sehr angesehen. Zu ihm gehörte unter andern
auch Marat, C. Desmoulins, Hébert, Cloots u. a. Später wurde
er das Hauptwerkzeug der Stadthauspartei. — Z. 13: la presse
excitait l'incendie. Die Presse, sowohl die volksparteiliche,
wie die royalistische, war rasch zu grofser Bedeutung empor-
gekommen. Manche Blätter der letzteren Farbe, wie z. B. die
Actes des Apôtres (unter *Apôtres* sind die Hauptführer der
Nationalversammlung gemeint) standen an Leidenschaftlichkeit
und Gemeinheit des Tones hinter den schlimmsten der Volkspartei nicht zurück. Bis zum 10. August 1792 genossen auch
die Royalisten weitgehende Prefsfreiheit. Von da an hatte
aber nur die jeweilig herrschende Partei das Recht der freien
Meinungsäufserung. — Z. 15: les Révolutions de France et
Brabant. Fast gleichzeitig mit der französischen Revolution
entwickelte sich eine Erhebung in Belgien, besonders in Brabant, gegen die centralisierenden Bestrebungen Kaiser Jo-
sephs II., nicht im Namen der Demokratie, sondern im Namen
der alten Ständerechte des Landes. Das demokratische Element war in der belgischen Bewegung nur sehr schwach vorhanden, wurde aber von französischer Seite aus überschätzt,
und als der erste Anfang einer über ganz Europa sich er-
streckenden Bewegung sympathisch begrüfst. Besonders
C. Desmoulins verbreitete durch seine Zeitung die Ansicht von
der Solidarität der zwei Erhebungen.

Seite 32, Zeile 4: le comte de la Marck (1753—1833).
In Brüssel geboren, hatte er zugleich grofsen Grundbesitz in
Nordfrankreich und wurde so zum Vertreter des Adels in die
Reichsstände gewählt. Er war der Vermittler zwischen Mira-
beau und dem Hof. 1793 verliefs er Frankreich. — Z. 6:
Mirabeau se rapprochait de la cour. Mirabeau wurde im
eigentlichen Sinne königlicher geheimer Rat, wenn seine Rat-
schläge auch wenig befolgt, kaum immer verstanden wurden.

Seine erste geheime Note ist vom 1. Juni 1790 datiert. Für seine Dienste wurde ihm ein Monatsgehalt von 6000 Livres gegeben, ferner seine Schulden in der Höhe von 208000 Livres bezahlt. Nach dem Ende der Legislaturperiode sollte er noch 1 Million Livres erhalten. Doch trat inzwischen sein Tod ein. — Z. 9: s'il eût été appelé au ministère. Am 7. November 1789 hatte die Nationalversammlung das besonders auf Mirabeau gemünzte, für den König verhängnisvolle Dekret angenommen, nach dem kein Abgeordneter während der Dauer der Legislaturperiode Minister sein konnte. Damit verlor die Krone die Möglichkeit, den bedeutendsten Staatsmann jener Zeit zum Minister zu machen. — Z. 23: les funérailles d'Achille. Ein schlagender Beweis dafür, wie ungezwungen sich damals klassische Erinnerungen einstellten. — Z. 25: Cabanis (1757—1808), bedeutender Arzt und sensualistischer Philosoph.

Seite 33, Zeile 3: le Panthéon. Dieses berühmte Gebäude, dessen Grundstein 1764 gelegt wurde, war ursprünglich als eine der H. Genoveva *(Sainte Geneviève)*, der Schutzpatronin von Paris, geweihte Kirche gedacht. 1791 wurde es aber dieser Bestimmung entzogen und in einen nationalen Ruhmestempel umgewandelt, mit der Inschrift: *„Aux grands hommes la patrie reconnaissante"*. Mirabeau war der erste, der darin beigesetzt wurde. Ihm folgte im weiteren Verlaufe der Revolution Voltaire, Marat und Rousseau. Doch sind später die Reste aller dieser Männer wieder entfernt worden. — Z. 6: La constitution civile du clergé. Man denke hier daran, daß das 18. Jahrhundert überhaupt an die Allmacht des Staates gegenüber der Kirche glaubte. So wie die Versammlung sich den König unterworfen hatte, so wollte sie es nun auch mit der Kurie versuchen, die überdies damals tief gesunken schien und von den Staatsgewalten mit ziemlicher Geringschätzung behandelt wurde. Schon früher war die Einziehung der Kirchengüter ohne Vorwissen des Papstes erfolgt, und so war man auch jetzt zu stolz, mit Rom zu unterhandeln.

Zwar hat die Civilverfassung nur einige Jahre bestanden, denn
schon der Konvent schaffte sie ab und führte die völlige
Trennung von Staat und Kirche ein, aber Unheil genug hat
sie in der kurzen Zeit ihres Bestehens angerichtet. — Z. 24:
nos 135 archevêchés et évêchés. Thatsächlich war die Zahl
der Bistümer im alten Frankreich zu grofs. Wenn der Staat
einmal den Unterhalt der Kirche auf sich nahm, dann mufste
die Zahl der Bistümer verringert werden, damit dafür die oft
überaus kärglichen Pfarrgehälter aufgebessert werden konnten.
Das hat auch Napoleon später vom Papste erreicht. Denn die
organischen Artikel des Konkordates von 1801 setzten die Zahl
der Erzbistümer auf 10, die der Bistümer auf 50 fest, also
eine noch geringere Zahl als die von der Konstituante bestimmte. — Z. 27: mettre l'élection dans l'Église où elle
était à l'origine. Allerdings wurden in den ersten christlichen Jahrhunderten die Geistlichen von der Gemeinde gewählt.
Das war die presbyterianische Kirchenverfassung im Gegen-
satze zu der späteren bischöflichen. — Z. 28: avant le concordat de 1516. Die pragmatische Sanktion von Bourges
(1438) bestimmte, dafs der päpstlichen Belehnung von Bischöfen
und Äbten eine regelmäfsige Wahl durch die Mitglieder der
Domstifte, bez. die Mönche vorauszugehen habe. Das 1516
zwischen Leo X. und Franz I. abgeschlossene Konkordat verlieh
dem Könige das Recht, zu allen Pfründen zu ernennen. —
Z. 31: les électeurs nommeraient ansi les évêques et les
curés. Es erscheint widersinnig, dafs so auch Nichtkatholiken
das Recht hatten, an der Wahl katholischer Würdenträger teil-
zunehmen. Freilich konnte es auch vor 1789 vorkommen,
dafs ein reicher Nichtkatholik, der einen Herrensitz erwarb,
katholische Pfarrer zu ernennen hatte.

Seite 34, Zeile 7: le comité ecclésiastique. In ihm
waren die jansenistischen und gallikanischen Elemente stark
vertreten, die sich von jeher dem Papste gegenüber sehr selb-
ständig gezeigt hatten. — Z. 8: en voulant que la France
restât catholique. Überhaupt darf man sich die Konstituante

nicht als von kirchenfeindlichem Geiste beherrscht denken:
In der Nacht des 4. August beschloß sie ein *Te Deum laudamus;* in ihren Protokollen verzeichnete sie gewissenhaft die
Anwesenheit ihrer Mitglieder bei Messen oder Prozessionen.
1789 weigerte sie sich, die Widmung einer Voltaire-Ausgabe
anzunehmen, während sie 1791 von dem Buchhändler Sangrain
die Widmung einer Ausgabe des Evangeliums annahm. — Z. 14:
sinon pour le dogme, du moins pour la discipline. Taine
weist darauf hin, daß das lebensvolle Element des Katholizismus
seit Jahrhunderten weniger das Dogma als die Disciplin gewesen
ist. — Z. 17: **une grave imprudence.** Die Unklugheit trat
auch noch nach einer andern Seite zu Tage. Hatte die französische Geistlichkeit früher ihre Stütze im Anschlusse an den
Staat gefunden, so schloß sie sich nunmehr an Rom an, und daraus
hat sich der dem alten französischen Gallikanismus so scharf
entgegenstehende Ultramontanismus entwickelt. Man wollte
die Geistlichkeit wahrhaft national machen und erreichte das
Gegenteil. — Z. 24: **La très grande majorité refusa le
serment.** Nur 4 Bischöfe leisteten den Eid, und von diesen
waren 3 Skeptiker, wie Talleyrand, Bischof von Autun. Von
den Geistlichen verweigerten ungefähr $^2/_3$ den Eid. — Z. 35:
comme l'enseigne l'Apôtre. Vgl. Ep. B. Pauli ad. Rom. 13, 1:
Omnis anima potestatibus sublimioribus subdita sit.

**Seite 36, Zeile 1: le roi adressait des lettres secrètes
à plusieurs puissances.** Es ist bezeichnend, daß erst die
kirchlichen Übergriffe der Nationalversammlung den König
bestimmten, die Hülfe des Auslandes anzurufen. Erst die
Gewissensbedenken des Christen, der mit Unterzeichnung der
Dekrete eine Sünde zu begehen glaubte, gaben den Ausschlag.
— Z. 13: **conférence de Mantoue.** In dem hier angegebenen
Sinne wurde damals das Ergebnis der Verhandlungen von den
Emigranten dargestellt. In Wirklichkeit aber gab der Kaiser
nur die Zusage, sich bei den Mächten zu Gunsten eines gemeinsamen Vorgehens gegen die Revolution verwenden zu
wollen. — Z. 18: **le peuple ne permettait pas que le prince**

s'éloignât de Paris. Als der König am 18. April nach
Saint-Cloud fahren wollte, um dort bei einem unvereidigten
Priester zu kommunizieren, wurde er vom Pöbel daran ge-
hindert und zur Umkehr gezwungen, da die Nationalgarde
damals den Dienst versagte und La Fayette, der die Volks-
gunst rasch verloren hatte, sich als völlig machtlos erwies.
Seit jenem Tage nahm der Gedanke an eine Flucht festere
Gestalt beim Könige an. — Z. 20: le roi quitta les Tuileries etc. Die Flucht ostwärts geschah auf den Rat des
ehemaligen Ministers Breteuil. Schon Mirabeau hatte dem
Könige geraten, Paris zu verlassen, ihm aber freilich nicht den
Weg nach Osten empfohlen, denn die Flucht nach Metz sei
gleichbedeutend mit einer Thronentsagung (15. Okt. 1789).
Er riet dem Könige vielmehr, sich nach der Normandie zu
werfen, deren Bevölkerung zusammen mit der der Bretagne
einen festen Schutzwall für ihn bilden würde. Dort solle er
die Versammlung zu sich rufen und im Falle der Weigerung
einen Konvent einberufen.

Seite 37, Zeile 2: Barnave gewann damals durch seine
ritterliche Haltung das Vertrauen der königlichen Familie.
Seine frühere Volkstümlichkeit erhielt dadurch freilich einen
argen Stofs, und bald darauf trat er mit 300 Abgeordneten aus
dem Jakobinerklub aus, um den Klub der *Feuillants* zu bilden.
— Z. 12: L'Assemblée avait déclaré etc. Thatsächlich war
Frankreich damals schon eine Republik, wenn auch die ausgesprochen republikanische Partei zur Zeit noch sehr gering
war. — Z. 23: Le roi fut suspendu. Seit der Flucht glaubte
die Masse der Franzosen fest, dafs der König im Bunde mit
dem Auslande sei. Das Vertrauen in seine Ehrlichkeit schwand
völlig, als die von ihm bei der Flucht unterzeichnete Erklärung
bekannt wurde, dafs alles, was er seit dem 6. Oktober 1789
gethan, erzwungen gewesen sei. — Z. 28: le club des Feuillants.
Dieser gemäfsigt konstitutionelle Klub tagte in einem alten
Kloster des Ordens der Feuillants (1577 gegründet), das nicht

weit von den Tuilerien lag. Noch jetzt giebt es im Tuilerien-
garten eine *Terrasse des Feuillants*.

Seite 38, Zeile 13: **Santerre** war ein sehr volkstümlicher,
wohlhabender Bierbrauer der Antonvorstadt. — Z. 24: **le
drapeau rouge.** Nach der von der Konstituante 1789 er-
lassenen *„loi martiale"* hatte die Gemeindevertretung bei einem
Aufruhr das Recht, durch Entfaltung einer roten Fahne das
Zeichen zu geben, daſs Gewalt zur Anwendung zu kommen
habe. Im Juli 1792 war es das Pariser Volk selbst, welches
gegen das Königtum eine rote Fahne mit der Aufschrift entfaltete: *„Loi martiale du peuple contre la rébellion du pouvoir
exécutif"*. Seitdem ist sie das Zeichen der Empörung gegen
die Staatsgewalt. Bei der Februarrevolution 1848 wurde sie
von dem aufständischen Volke in Paris als Erkennungszeichen
angenommen und wäre damals vielleicht die Nationalfahne
geworden, wenn nicht Lamartine durch eine hinreiſsende Rede
an die aufständische Masse die Trikolore gerettet hätte. —
Z. 30: **cet acte de fermeté.** Leider hatte man nicht den
Mut, auf diesem heilsamen Wege der Energie weiter fortzu-
schreiten. Ganz im Geiste der humanen Bildung des 18. Jahrhunderts hatten die leitenden Klassen damals eine tiefe Ab-
neigung gegen die Anwendung von Gewalt, auch da, wo sie
am Platze war. Das ist eine der Ursachen, warum die Bewegung von 1789 schlieſslich auf die Bahn der Pöbelherrschaft
geriet.

Seite 39, Zeile 2: **L'Assemblée fatiguée.** Die Versammlung hielt fast täglich zwei Sitzungen; dazu kamen noch die
zahlreichen Sitzungen der Ausschüsse und die der Klubs,
denen die meisten Mitglieder angehörten. — Z. 6: **Le roi
l'accepta.** Ranke, a. a. O., S. 90, bemerkt: „Es ist sehr
wahr, daſs Ludwig XVI. die Konstitution, die er annahm, in
vielen Punkten miſsbilligte. Aber man würde doch mit Un-
recht sagen, daſs er zur Annahme derselben gezwungen worden
sei. Aus politischer Reflexion überzeugte er sich, daſs es nicht
anders sein könne. Seine Stellung als König benutzend, meinte

er noch, sie den Anforderungen der Monarchie angemessener gestalten und zugleich die Aristokratie der Autorität, die er im Namen der Nation ausübe, unterworfen halten zu können." — Z. 6: le roi en jura l'observation. Damals saß der König nicht mehr auf einem Throne, sondern auf einem einfachen Sessel zur Linken des Präsidenten der Nationalversammlung. — Z. 12: Constitution de 1791. Das ist die erste von den siebzehn Verfassungen, die Frankreich bis jetzt gehabt hat. — Z. 14: une Assemblée unique. Zum Einkammersystem gelangte man damals unter dem Drucke der weitverbreiteten Furcht, daß das Werk der politischen Neugestaltung durch ein Oberhaus verkrüppelt werden könnte. Die Nachteile des Systems liegen ja auf der Hand, und die Franzosen sind schließlich zum Zweikammersystem wieder zurückgekehrt, bereits 1795, wie man auch in England nach der Periode des Langen Parlamentes das Oberhaus wieder eingeführt hat. — Z. 15: que le roi n'avait pas le droit de dissoudre. Diese Neuerung verstieß gegen alle konstitutionellen Präzedenzfälle. — Z. 18: l'Assemblée seule avait le droit de guerre. Dagegen hatte Mirabeau in einer berühmten Rede (20. Mai 1790) energisch angekämpft. Aber in Erinnerung an den Mißbrauch, der früher mit diesem Rechte in Frankreich getrieben worden war, und weil man fürchtete, daß die in den Händen des Königs vereinigte Heeresmacht gegen die Sache der Freiheit verwandt werden könne, behielt sich die Versammlung allein die Entscheidung über Krieg und Frieden vor. — Z. 21: le corps électoral. Durch die zahlreichen Wahlgeschäfte waren die französischen Vollbürger damals außerordentlich in Anspruch genommen, und Taine hat berechnet, daß sie ungefähr den 6. Teil ihrer Zeit der Öffentlichkeit opfern mußten. Lässigkeit war die bald eintretende Folge. Schon 1790 blieb ungefähr die Hälfte der Wähler der Abstimmung fern, und im Nov. 1791, bei der Wahl des Maire von Paris, machte nur $1/9$ der Stimmberechtigten von ihrem Wahlrechte Gebrauch. So kam es, daß sich allmählich eine geschäftige Minderheit zur Macht empordrängte, namentlich durch die Klubs, in denen man über die „Menschenrechte" diskutierte und an ihrer Hand die Maßnahmen der Regierung kontrollierte. — Z. 27: les citoyens actifs. Erst viel später, 1848, ist das allgemeine Stimmrecht *(suffrage universel)* in Frankreich eingeführt worden. Ein radikaler Logiker wie Robespierre verlangte es bei den Debatten über die Verfassung als eine natürliche Folge der Gleichheit aller Bürger; drang aber damit nicht durch, offenbar, weil die Mehrheit der Versammlung die Herrschaft der besitzlosen Klassen fürchtete. Es wurde ein, wenn auch geringer, Wahlcensus und indirekte Wahl eingeführt. Man sieht aus dieser Durchbrechung der *„Droits de l'homme"*, daß der abstrakt logische Geist, mit dem Taine so viel an der Revolution zu erklären sucht, doch nicht überall zur Geltung kam.

Seite 40, Zeile 9: **La constitution de 1791 était odieuse à l'Europe.** Nach neueren Forschungen stellt sich dies als etwas übertrieben heraus. So weiß man aus einer Depesche des österreichischen Staatsministers Kaunitz (Nov. 1791), daß dieser in der französischen Verfassung durchaus kein besonderes Unglück sah, sondern vielmehr einen besonderen Vorteil Österreichs, eine heilsame Schwächung Frankreichs, und trotz der Aufreizungen der Emigranten lag der Gedanke an Krieg ihm damals durchaus fern. Daß die französische Bewegung einmal über die Landesgrenzen hinausgreifen könne, diese Möglichkeit faßte man zu jener Zeit noch gar nicht ins Auge; viel mehr als Frankreich stand damals Polen im Mittelpunkte des diplomatischen Interesses. Auch das ist für das Verhältnis zum Auslande zu berücksichtigen, daß das französische Ministerium des Auswärtigen bis 1791 in Montmorins Händen lag, der es im Sinne der Hofpartei leitete, und sein altes, der neuen Ordnung mißvergnügt gegenüberstehendes Beamtenpersonal beibehielt. — Z. 25: **La Constituante a droit à notre reconnaissance.** In ihrer Proklamation vom 11. Febr. 1790 gab die Versammlung selbst eine gedrängte Übersicht über die von ihr ausgeführten Reformen (abgedruckt u. a. bei Sorel, *L'Europe et la Révolution française,* 2,6): *On a feint d'ignorer quel bien a fait l'Assemblée nationale; nous allons vous le rappeler. Les droits de l'homme étaient méconnus, ils ont été rétablis. La nation avait perdu le droit de décréter les lois et les impôts, ce droit lui a été restitué. Des privilèges sans nombre composaient tout notre droit public, ils sont détruits. Une féodalité vexatoire couvrait la France entière, elle a disparu sans retour. Vous désiriez l'abolition de la vénalité des charges, elle a été prononcée. Les finances demandaient d'immenses réformes, nous y avons travaillé sans relâche. Vous éprouviez le besoin d'une réforme, du moins provisoire, des principaux vices du code criminel: elle a été décrétée... Un code de lois civiles fera disparaître toutes les lois obscures, compliquées, contradictoires . . . . L'Assemblée a consommé l'ouvrage de la nouvelle division du royaume qui seule pouvait effacer jusqu' aux dernières traces des anciens préjugés, substituer à l'amour-propre de province l'amour véritable de la patrie . . . Nous terminerons nos travaux par un code d'instruction et d'éducation nationale qui mettra la constitution sous la sauvegarde des générations naissantes. Voilà notre ouvrage, Français, ou plutôt voilà le vôtre. Quel honorable héritage vous avez à transmettre à votre postérité! Élevés au rang des citoyens, admissibles à tous les emplois, égaux devant la loi, libres d'agir, de parler, d'écrire, ne devant jamais compte aux hommes, toujours à la volonté commune, quelle plus belle condition! Pourrait-il être un seul citoyen, digne de ce nom, qui osât tourner ses regards en arrière, qui voulût relever ces débris dont nous sommes environnés, pour en contempler l'ancien édifice?* — Z. 31: Über **Sieyès** vgl. zu Seite 9, Zeile 3. — Über **Mounier** vgl. zu Seite 19, Zeile 11. — Auch **Malouet** (1740—1814), der Führer des rechten Centrums (damals *Monarchiens* oder *Impartiaux*), gehörte zur Schule Montesquieus. — **Cazalès**, Südfranzose (1758—1805), gemäßigter Royalist, war auch bei der Linken sehr angesehen, nicht nur wegen seiner Improvisationsgabe, sondern auch wegen seines ehrlichen Charakters. Er wanderte 1791 aus. — Der Abbé **Maury** (vgl. zu Seite 9, Z. 17) war als Redner bedeutend, wenn er auch nicht an Mirabeau heranreichte. Nach der Bemerkung des damals in Paris weilenden Griechen Koraïs verhielt sich seine Beredsamkeit zu der Mirabeaus wie das Stammeln eines Kindes zu den klugen und weisen Reden des Mannes. An einer anderen Stelle, in einem Briefe an einen Smyrnaer Freund, sagt derselbe Koraïs von der Beredsamkeit Mirabeaus: „Mirabeaus Redeschwung ist wie ein von winterlichen Regengüssen geschwollener Strom, der in seinem gewaltigen und raschen Laufe Bäume entwurzelt, Häuser umstürzt und Vieh, Holz und Steine, alles zusammen widerstandslos mit sich fortreifst." — Über **Barnave, Lameth, Duport** vgl. zu Seite 31, Z. 8—9. — Über **Lally** vgl. zu Seite 8, Z. 18.

    Seite 44, Zeile 6: Robespierre aus Arras (1758—1794). Anfangs ein Gegenstand des Spottes in der Versammlung, wegen seines steifen, den Provinzler verratenden Auftretens, hatte er sich doch allmählich, besonders seit der Flucht des Königs, zu einer angesehenen Stellung emporgeschwungen, gestützt auf den Einfluß, den er bei den Jacobinern und bei dem eigentlichen Volke besaß, dessen Sache er gern vertrat, dessen Ausschreitungen er gern entschuldigte. Auch sein Rednertalent wuchs mit der Zeit: zuerst las er seine Reden vor, mit der Zeit aber lernte er auch aus dem Stegreif sprechen. Im ganzen hat er mehr als 500 Reden gehalten. Er war eine stolze, reizbare, unehrliche Natur, mit einer Anlage zur Mystik. — Z. 6: **La Constituante avait interdit la réélection de ses membres.** Man hat diesen Beschluß einen politischen Selbstmord genannt. Es ist aber nicht zu übersehen, daß er mit Hilfe des Adels zustandegekommen ist. Derselbe hoffte, daß die unerfahrenen Mitglieder der neuen Versammlung die Regierung bald ganz unmöglich machen würden. Was die Mehrheit der Linken anbelangt, so gab es in ihr eine große Menge wenig bedeutender Leute, die von vornherein sicher waren, nicht wiedergewählt zu werden, so dafs die allgemeine Unmöglichkeit einer Wiederwahl gerade das war, was ihrer Eigenliebe am meisten entsprach. Das Gefühl der Ermattung endlich war in allen Kreisen der Abgeordneten weitverbreitet.

Livre II.

Seite 41, Zeile 11: **Assemblée législative.** Während die Konstituante fast $2^1/_2$ Jahre, der Konvent über 3 Jahre dauerte, tagte die Legislative noch nicht ganz 1 Jahr. Sie bestand aus 745 Mitgliedern, meist unbekannten, jungen Leuten unter 30 Jahren, die sich ihre politische Bildung in den Klubs erworben hatten. Aus dem Adel und der hohen Geistlichkeit safs in ihr kein einziges Mitglied. Als am 5. Oktober 1791 eine Abordnung der Versammlung zum Könige kam, konnte der Führer derselben dem Wunsche des Königs, ihm die Mitglieder vorzustellen, nicht entsprechen, weil er sie selbst nicht kannte. Vgl. Sybel, 1, 318 ... Da die Männer des alten Staates durch die ganze Lage der Dinge, die Mitglieder der Konstituante durch Robespierres Gesetz, die Mehrzahl der Gebildeten durch ihren Uberdrufs an der Politik ausgeschlossen waren, so ergab sich als der eigentliche Körper der Versammlung eine ansichts- und erfahrungslose Menschenmenge, welche tief unter ihrer Aufgabe stand. Ihr Wahlspruch war die Verfassung; sie hatten keine Ahnung, dafs für die Erhaltung dessen, was ihnen bei diesem Worte vorschwebte, eine gründliche Reform der Verfassung unumgänglich war. — Z. 20: **les Girondins.** Diese Bezeichnung für die Linke der Legislative und die Rechte des Konvents ist besonders durch Thiers und Lamartine eingebürgert worden. Sie selbst nannten sich in der Legislative *Patriotes*, oder *Jacobins;* bei den Gegnern hiefsen sie *Brissotins, Bordelais, Rolandistes,* und im amtlichen Stile: *Fédéralistes. Girondins* hiefsen damals nur die Abgeordneten von Bordeaux. Der Zahl nach bildeten

die Südfranzosen in dieser Partei nicht die Mehrheit; denn sie
waren nur etwa 70 unter 170. Doch kamen die, welche als
Redner den größten Einfluß hatten, aus der Gegend der
Gironde und der Rhone. Sybel sagt 1, 319: „Die Gironde
verdankt dem oratorischen Zauber, vor allen Vergniauds, einen
Nachruhm, den weder ihre Grundsätze, noch ihre Thaten
hätten verdienen können; denn im übrigen hat sie ohne eine
eigentümliche Auszeichnung die Laufbahn der Demagogie zu-
rückgelegt. Sie hat als Opposition die Regierung mit allen
Waffen der Anarchie angegriffen, und ist dann konservativ geworden, als sie die Regierung führen sollte. Der patriotische
Roman, den Lamartine unter dem Namen einer Geschichte
geschrieben hat *(Histoire des Girondins, 1847)*, und von dem
kaum eine Seite der Wahrheit entspricht, hat nicht wenig zu
ihrer Idealisierung beigetragen." — **Brissot** (1754—1793) erschien nur bei bedeutenden Anlässen auf der Rednerbühne,
besonders in auswärtigen Angelegenheiten, auf welchem Gebiete er als Kenner galt. Das öffentliche Leben in Holland,
England und Amerika hatte er an Ort und Stelle eingehend
beobachtet, und besaß auch sonst eine ausgebreitete Bildung.
Vom März 1792 bis zum 10. August war er die eigentliche
Seele des von ihm gebildeten Ministeriums. — **Pétion** gehörte
zwar zur Partei der Gironde, saß aber nur in der Konstituante und im Konvente. Als parlamentarischer Redner hatte
er wenig Glück, um so mehr aber mit seinen kurzen, familiären
Ansprachen an das Volk, das ihn fast vergötterte. Er wurde
zum Maire von Paris gewählt. — **Vergniaud** aus Limoges
(1753—1793), der „Demosthenes der Gironde", hatte seine
Rednerschule als Advokat in Bordeaux durchgemacht. Ein
gewisser poetischer Schwung, harmonische Perioden voll Adel
und Majestät, im Feuer der Improvisation frei geschaffen, sind
die charakteristischen Züge seiner Beredsamkeit, die elek-
trisierend wirkte, besonders wenn er die Saite des Patriotismus
anschlug. *„Il est divin à entendre"*, sagt ein Zeitgenosse von
ihm. Als die bedeutendste der 130 Reden, die er gehalten,

gilt die über den Königsmord (31. Dezember 1792); auch Sybel (2, 73) rechnet dieselbe zu den „Meisterwerken aller Zeiten". Die Schattenseite seiner Beredsamkeit war ein gewisser Hang zum Deklamatorischen, was schon den Zeitgenossen auffiel.

Seite 42, Zeile 1: Guadet, aus Saint-Emilion (1755—1794), der „Aeschines der Gironde". Seine Beredsamkeit war kalt und klar, kurz und schmucklos, aber schlagend und besonders wirksam in der Ironie. Von ihm ist der bekannte Antrag, nach welchem Schiller und andere berühmte Ausländer das französische Bürgerrecht erhielten. — **Gensonné** (1758—1793), Advokat aus Bordeaux, ein scharfer, logischer Kopf, dessen Reden den Charakter schmuckloser Einfachheit und ernster Würde haben. — **Ducos** (1766—1793) hatte die besondere Gabe, in leichtem Tone über technische und geschäftliche Fragen zu sprechen, und zeigte schon vor Thiers, daß man auch finanzielle Gegenstände interessant machen könne. Für Vergniaud hatte er eine so schwärmerische Bewunderung, daß er sich mit ihm verhaften ließ, um gemeinsam mit ihm zu sterben. — **Isnard** (1751—1830) war kein politischer Kopf, aber ein Redner ersten Ranges, mit einem hinreißenden lyrischen Zuge. Auf die Versammlung machte er zuweilen den Eindruck eines Propheten und entfesselte wahre Stürme der Begeisterung. — **Valazé** (1751—1793), der „Cato der Gironde", in dessen Hause die Partei ihre Zusammenkünfte abhielt. Als das Revolutionsgericht ihn zum Tode verurteilte, stieß er sich vor den Richtern einen Dolch in die Brust und rief: *„Lâches brigands, vous n'aurez pas la douce satisfaction de me traîner vivant à l'échafaud! Je meurs, mais je meurs en homme libre!"* — Z. 5: **peut-être à tort.** Allerdings kann man nach vielfachen öffentlichen Äußerungen der Girondisten nicht annehmen, daß sie sich in der Politik irgendwie durch Erwägungen der Menschlichkeit bestimmen ließen, wenn sie auch einen höheren Bildungsgrad besaßen als die eigentlichen Jakobiner. Mehr als einmal haben sie durch ihre berufenen Vertreter die Todesstrafe für die Feinde der Freiheit verlangt. — Z. 8: **L'esprit de l'Assemblée nouvelle.** Vgl. Sybel 1, 323: Die Girondisten gingen nicht an die grofsen und dringenden Aufgaben der inneren Gesetzgebung, an die ersehnte Reform des bürgerlichen Rechts oder die Neubildung des mit der Kirche zerrütteten Unterrichtswesens, sondern an den Sturz des Königtums und zu diesem Behufe an die weitere Verfolgung des Klerus und der Auswanderer, bis zum europäischen Kriege. Ein Girondist war es, der schon am 5. Oktober vorschlug, den Titel Majestät abzuschaffen." — Z. 14: **le serment civique.** Von den Priestern die Beschwörung dieser Kirchenverfassung zu verlangen, die der Papst verdammt hatte, war eine überspannte Forderung, durch welche die Revolution mit sich selbst in Widerspruch geriet. Mit den Priestern zugleich wurden dadurch Tausende ihrer Anhänger in offene Feindschaft gegen die neue Ordnung der Dinge gedrängt. — Z. 15: **les émigrés.** Wenn die Emigranten sich nach Bundesgenossen im Auslande umsahen, so handelten sie dabei nach alten, bis auf die Feudalzeit zurückgehenden Überlieferungen. Noch im 17. Jahrhundert hatten die französischen Hugenotten im Bunde mit England gegen den König von Frankreich gekämpft, und die Fronde war ein Bündnis mit Spanien eingegangen. Die zwei gröfsten Feldherrn Frankreichs im 17. Jahrhundert, Condé und Turenne, haben beide die Waffen gegen ihr Vaterland getragen. Seitdem hatte sich aber ein tiefer Wandel in der öffentlichen Anschauung vollzogen. Was im 17. Jahrhundert noch nicht als Makel galt, das wurde von der öffentlichen Meinung Frankreichs am Ende des folgenden Jahrhunderts als ein Verbrechen verurteilt. — Zur Ausartung der Revolution haben die Emigranten durch ihr Intriguieren an den fremden Höfen und durch ihre prahlerischen Drohungen gegenüber Frankreich viel beigetragen. Die Frivolität und Anmafsung ihres Wesens, die sie auch ins Ausland mitnahmen, gab den fremden Völkern eine Vorstellung davon, wie es in Frankreich zur Revolution

hatte kommen können. — Z. 16: **Bruxelles** etc. Der Graf
von der Provence (später Ludwig XVIII.) zog sich erst nach
Brüssel, dann nach Koblenz zurück, wo auch sein Bruder, der
Graf von Artois, seinen Hof aufschlug, während das Emi-
grantenheer unter Condé in und bei Worms lag. Der Bischof
von Worms und der von Trier, dem auch Koblenz gehörte,
hatten besonderen Grund zur Klage gegen Frankreich, da ihre
Feudalrechte auf elsässischem Boden von der Nationalversammlung aufgehoben worden waren. — Z. 18: **les puissances
étrangères.** Trotz der Bemühungen von seiten der Emigranten und trotz der Versuche Rufslands, Österreich und
Preufsen Verwickelungen mit Frankreich zu schaffen, um selbst
freie Hand in Polen zu haben, war doch die in sehr unbe-
stimmter, hypothetischer Form aufgesetzte Pillnitzer Erklärung
nicht ernst gemeint. Sie war für den Kaiser Leopold mehr
ein Mittel, die rastlos drängenden Emigranten, gegen die er
sich immer ablehnend verhielt, billig abzuspeisen, und man
kann daher nicht sagen, dafs die Koalition in Pillnitz ihren
Anfang genommen habe. Allerdings thaten die ausgewanderten
Prinzen nach ihrer gewöhnlichen Taktik alles mögliche, um
die Bedeutung der Pillnitzer Erklärung vor Frankreich zu
verdrehen, und in diesem Sinne nahm man sie dort auf, wo-
durch wieder der Gang der Pariser Ereignisse beschleunigt
wurde. So griff die Emigration unheilvoll in die Geschicke
des französischen Königtums ein, und niemand kann sich
wundern, wenn man in den Tuilerien auf die Brüder des
Königs schlecht zu sprechen war. — Z. 30: **dans un délai
fixé.** Am 8. November 1791 wurde der 1. Januar des folgenden Jahres den Emigranten als Frist der Rückkehr
gestellt.

Seite 43, Zeile 5: Déclaration aux puissances. Diese
stolze, fast im Tone der alten Römer gehaltene Erklärung trug viel
zum Kriege bei. Denn nun erst trat der Kaiser gegenüber
Frankreich mit Entschiedenheit auf, und bestätigte den Reichs-
tagsbeschlufs über die im Elsafs possedierten deutschen Fürsten.

— Z. 11: **de ne faire aucune conquête.** Am 22. Mai 1790 hatte die Konstituante beschlossen: *„La nation française renonce à entreprendre aucune guerre dans la vue de faire des conquêtes, et n'emploiera jamais ses forces contre la liberté d'aucun peuple.*" — Z. 24: **par l'organe de M. Kaunitz.** „Die Antwort vom 21. Dezember wahrte aufs strengste den rein defensiven Charakter der kaiserlichen Politik. Zugleich wurde darin die Erklärung abgegeben, dafs die Zusammenrottungen der Emigranten auf trierschem Gebiete aufhören sollten. Und so geschah es auch, so dafs dieser Hauptgrund zum Kriege für Frankreich wegfiel." (Sybel, a. a. O.) — **la ligue des souverains.** Man weifs jetzt, dafs dies eine blofse Drohung war, dafs eine solche Liga am 21. Dez. 1791 noch nicht bestand. Erst am 7. Februar 1792 schlofs Österreich das Bündnis mit Preufsen ab, nachdem die Legislative am 25. Januar die drohende Anfrage beschlossen, ob Österreich mit Frankreich in Frieden leben, und auf jede Verbindung gegen dessen Selbständigkeit verzichten wolle. Das Schweigen des Kaisers über den 1. März hinaus, ebenso wie eine ungenügende Antwort solle als Kriegserklärung angesehen werden. Österreich entschlofs sich um so unlieber zum französischen Kriege, als es wufste, dafs von anderer Seite ein Schlag gegen Polen geplant wurde. Z. 31: **Mallet Dupan** (1749—1800), ein Schweizer von Geburt, gab in Paris die in monarchischem Sinne geleitete Zeitung *Le Mercure politique* heraus. Er wurde später geheimer Unterhändler Ludwigs XVI. bei den Grofsmächten.

Seite 44, Zeile 10: **Ministère girondin.** Natürlich wurden nicht die girondistischen Mitglieder der Legislative in das Ministerium berufen, — das war ja verfassungswidrig (vgl. zu Seite 32, Z. 9) — sondern aufserhalb der Legislative stehende Parteiangehörige. — Wenn die Girondisten auf den Krieg zu trieben, so war ihr geheimer Gedanke dabei, die Sache des Königs mit der Europas zusammenzuwerfen und so den republikanischen Gedanken zu fördern. Die Jakobiner waren damals

dem Kriege abhold, aus Besorgnis, es möchte eine Diktatur
daraus hervorgehen. — Z. 13: **Dumouriez** (1739—1823),
Provençale wie Mirabeau und Sieyès, ein ehrgeiziger Streber,
war lange Jahre als geheimer politischer Agent in verschiedenen Ländern thätig gewesen. — Z. 19: **Roland, dont la
femme** etc. Frau Roland schildert Sybel (Bd. 1, 321) als
„enthusiastisch, ruhelos, talentvoll und unerschrocken, dem
Edlen nachstrebend, aber ohne Gefühl für das sittlich Zu-
lässige. Durch ihre Hitze hat sie die Partei unaufhörlich
vorangetrieben, aber bei ihrer Oberflächlichkeit sehr selten
durch einen schöpferischen Gedanken gefördert". — Z. 21:
en chapeau rond. Die runden Hüte kamen kurz vor der
Revolution in England auf und verbreiteten sich von da auch
nach Frankreich. Vorher trug man dreieckige Hüte.

Seite 45, Zeile 2: La guerre fut déclarée à l'empereur,
d. h. an den Kaiser von Östreich. Von den deutschen Fürsten
nahm aufser dem verbündeten Preufsen nur der Landgraf von
Hessen teil. — Mit diesem Kriege nahm das neue Frankreich
den alten, von Franz I., Heinrich IV., Richelieu, Mazarin und
Ludwig XIV. vertretenen Gedanken wieder auf: Bekämpfung
des Hauses Habsburg. — Z. 6: **Le début fut malheureux.**
Man erinnere sich daran, dafs die alte Heeresverfassung damals im wesentlichen noch bestand, namentlich das alte
Werbesystem, das der Linie so manche schlechte Subjekte zu-
führte. Den Antrag auf allgemeine Wehrpflicht hatte die
Konstituante abgelehnt. Auch im Offizierkorps war viel Un-
fähigkeit vorhanden. Zahlreiche Offiziere waren der neuen
Ordnung feindlich gesinnt und darum den Soldaten verdächtig.
Zuchtlosigkeit rifs in erschreckendem Grade ein, namentlich
seitdem im April 1792 die begnadigten Meuterer des Nancyer
Regiments auf Betrieb der Jakobiner in feierlichem Triumphe
in Paris eingezogen waren. — Z. 10: **Grand effroi à Paris.**
Wenn die Verbündeten damals energisch vorgegangen wären,
hätte der Feldzug vielleicht ein rasches Ende genommen. Aber
die Vorbereitungen wurden überaus langsam getroffen und

viel Zeit ging mit Unterhandlungen zwischen den Verbündeten verloren. Was die österreichischen Bewegungen besonders lähmend beeinflufste, das war die Besorgnis eines russischen Unternehmens gegen Polen. Allerdings rückten die Russen schon am 30. April 1792 in Polen ein und damit wurde die zweite Teilung des unglücklichen Landes eingeleitet. — Z. 11: **la formation d'un camp de 20000 hommes sous Paris.** Damit sollte ein Druck auf den König ausgeübt werden. — Z. 15: **Vergniaud.** Die ungemein scharfe Philippika dieses Redners vom 3. Juli machte einen tiefen Eindruck. — Z. 27: **le comité autrichien.** Dies Schlagwort wurde am 15. Mai 1792 von dem Girondisten Carra ausgegeben und seitdem gläubig wiederholt. Ein solches Komitee aber hat es in den Tuilerien nicht gegeben. Richtig war nur, dafs die Königin bei ihrem Bruder, dem Kaiser, um eine militärische Demonstration nachgesucht, damit die extremen Parteien dadurch eingeschüchtert würden; mit den Emigranten und ihren Absichten mochte auch sie nichts zu schaffen haben. Um aber die Wirkung zu begreifen, die jenes Schlagwort auf das Volk hatte, vergegenwärtige man sich, dafs die 1756 geschlossene französisch-österreichische Allianz in Frankreich äufserst unpopulär war; denn Frankreich hatte von ihr nichts weniger als Gewinn gehabt: Belgien war nicht gewonnen, Canada aber verloren worden. „Der jahrhundertjährige Hafs, der sich in Frankreich gegen Östreich angesammelt, entlud sich schliefslich auf dem Haupte der Östreicherin." — Z. 28: **Pétion était maire de Paris.** Am 16. Nov. 1791 hatte dieser mit 6000 Stimmen über La Fayette gesiegt, der nur 4000 erhielt. Die grofse Masse der Berechtigten enthielt sich damals der Wahl.

Seite 46, Zeile 4: **le journal de Marat.** Der Titel dieser Zeitung war: *L'Ami du peuple.* — Z. 10: **Le 20 juin.** Dieser Aufstand wurde durch die Girondisten vorbereitet, die sich dadurch die Herrschaft zu sichern glaubten. Schon im Januar hatten sie das Volk, d. h. die nicht wahlberechtigten Armen, mit Piken ausrüsten lassen. — **la populace s'avance vers** l'Assemblée. Bonaparte, der den Aufzug zufällig mit ansah, konnte nicht begreifen, dafs man das Gesindel nicht mit einer Kanone wegfegte. — Z. 13: L'Assemblée commet la faute de lui ouvrir la porte. Auch dieser Fehler wurde auf Antrag der Girondisten gemacht. Treffend bemerkt Sorel 2, 486: *„Le nouveau despote, la foule parisienne insurgée, réalisait la légende de Louis XIV: elle entrait, le fouet à la main, dans l'enceinte législative, et proférait devant les représentants de la loi consternés, l'insolente et brutale formule: L'État, c'est moi."* — Z. 15: Le fameux Ça ira. Der Anfang des Liedes, der mehrere Male wiederkehrt, heifst:

> *„Ah! ça ira, ça ira, ça ira,*
> *Le peuple en ce jour sans cesse répète.*
> *Ah! ça ira, ça ira, ça ira,*
> *Malgré les mutins, tout réussira."*

Dieses Lied (Text von Ladré, Melodie von Bécourt) kam 1790 auf und wurde damals besonders von den aus allen Ständen zusammengesetzten Arbeitern gesungen, welche die Erdaufschüttungen auf dem Champ de Mars für das Verbrüderungsfest vom 14. Juli ausführten. Der Anfang desselben wird seiner Entstehung nach auf Franklin zurückgeführt. Als dieser sich 1778 in Vertretung der nordamerikanischen Kolonien in Paris und Versailles aufhielt und oft gefragt wurde, wie es in Amerika stünde, pflegte er zu antworten: *„Ah! ça ira, ça ira, ça ira!"* — Z. 20: le bonnet rouge. Die phrygische Mütze als Freiheitssymbol kommt bereits 1789 vor. Schon damals führten sie viele Bataillonsfahnen der Pariser Nationalgarde (vgl. die Zeichnungen bei Hippolyte Gautier, *L'An 1789,* S. 667). In allgemeinen Gebrauch kam sie aber erst seit dem 15. April 1792. Damals zogen die amnestierten Soldaten des Schweizerregiments von Nancy, mit diesem Zeichen geschmückt, in Paris ein. — Z. 23: Louis avait montré une noble fermeté. Taine vergleicht den König in seiner damaligen furchtbaren Lage mit den christlichen Märtyrern, die im Cirkus von wilden Tieren umringt waren. Seine Haltung flöfste auch vielen Gegnern Hochachtung, ja Bewunderung ein. — Z. 25: **La Fayette** verabscheute das Treiben der extremen Partei, hatte aber doch nicht den Mut, thatkräftig gegen sie vorzugehen, obwohl er selbst das Schlimmste zu befürchten hatte. Am 14. August verliefs er die Armee und Frankreich. Schon am Tage darauf nahmen ihn die Östreicher gefangen, während die Legislative ihn des Hochverrates anklagte. Er wurde bis 1797 in Olmütz gefangen gehalten.

Seite 47, Zeile 3: **Toute la France était émue.** Am 11. Juli wurde in Paris und allen anderen Gemeinden des Landes unter feierlich theatralischem Gepränge verkündet, dafs das Vaterland in Gefahr sei. Das war so zu sagen eine Verlängung des Belagerungszustandes über das ganze Land. — Z. 5: **Les Marseillais apportèrent le chant fameux qui a pris leur nom.** Verfasser der Marseillaise, des Textes und der Melodie, ist Rouget de Lisle. Er dichtete sie am 24. April 1792, also wenige Tage nach der Kriegserklärung, in Strafsburg, wo er als Offizier stand. Dort wurde sie auch zuerst gedruckt und öffentlich gesungen. Manche Ausdrücke und auch Sätze des Liedes finden sich in den Reden und Aufrufen der damaligen Klubs und Zeitungen von Strafsburg wieder. — Trotz seiner Verfasserschaft wurde Rouget de Lisle unter der Schreckensherrschaft in den Kerker geworfen, weil er die Absetzung des Königs gemifsbilligt hatte, und entging nur durch Robespierres Sturze dem Schafott. — Z. 12: **le duc de Brunswick.** Derselbe hatte damals in Europa einen so hohen Ruf, dafs im Januar 1792 von französischer Seite der Versuch gemacht wurde, ihn als Oberbefehlshaber für den bevorstehenden Feldzug zu gewinnen. — Z. 13: **un manifeste.** Man weifs jetzt, dafs dies vielbesprochene Schriftstück nicht vom Herzoge von Braunschweig verfafst ist, sondern von einem Emigranten, dem Marquis de Limon. Der Herzog liefs sich nur mit Widerstreben zur Unterzeichnung bewegen, und ein Jahr später erklärte er, er wolle sein Leben hergeben, um

seinen Namen nicht unter dem Aufrufe zu sehen. — Man
beachte das Datum des Manifestes: 26. Juli 1792! Am 20. April
war der Krieg erklärt worden, und die beste Zeit des Jahres
hatte man verstreichen lassen, ohne etwas Entscheidendes zu
thun. Die deutschen Rüstungen bewegten sich in äußerst
schleppendem Tempo: größere Truppenmassen wurden durch
die Entwickelung der polnischen Frage festgehalten, und lang-
wierige Verhandlungen zwischen den Großmächten über die
künftigen Entschädigungen nahmen eine kostbare Zeit in Anspruch. Überdies erwies sich der Herzog von Braunschweig
nicht als der rechte Führer. Er hatte eine zu hohe Meinung
von der Stärke des Gegners und war eine allzu kritische
Natur, als daß er rasche Schläge hätte führen können.

Seite 48, Zeile 2: l'assassinat de Mandat. Dieser ge-
fürchtete Mann war von den Tuilerien auf das Stadthaus
gelockt und dort ermordet worden, so daß die Schloßtruppen
nun ohne Befehlshaber waren. Immerhin würde die Lage
vielleicht noch gerettet worden sein, wenn der König nicht
den Befehl erlassen hätte, das Feuern zu unterlassen. — Z. 9:
la loge du logographe. Anfang 1791 gründete Le Hodey
de Saultchevreuil ein „Journal logographique", welches die
in der Nationalversammlung gehaltenen Reden mit großer
Treue ausführlich wiedergab. Er hatte hinter dem Präsidentenstuhle eine besondere Loge, in der 12—14 Schreiber saßen,
welche vermittels einer sehr sinnreichen Arbeitsteilung die
Reden nachschrieben. Die Kosten dieser Einrichtung wurden
aus der Civilliste bestritten. — Z. 13: Ses défenseurs furent
égorgés. Der Erinnerung an den Tod der Schweizer vom
10. Aug. 1792 ist der berühmte Löwe von Luzern geweiht,
ein Werk Thorwaldsens. — Z. 15: Les vainqueurs
vinrent défiler devant l'Assemblée. Letztere zählte am
10. August kaum 300 anwesende Mitglieder. Die Verhandlungen der Legislative waren schon längst den Frechheiten
des jakobinischen Galerienpöbels ausgesetzt, ebenso waren die
Beschimpfungen, denen sich die gemäßigten Abgeordneten

beim Kommen und Gehen preisgegeben sahen, schon lange
etwas gewöhnliches. Mit Hilfe des Pöbels wurde die Mehrheit der Versammlung von der Minderheit beherrscht. — Z. 31:
la prison du Temple. Der *Temple* war ein mit hohen
Mauern versehenes Gebäude aus dem 13. Jahrhundert, ehemals
Sitz des Templerordens. An der Stelle, wo er stand, befindet
sich jetzt der *Marché du Temple.* — Z. 32: **Un parti sans
scrupule, celui de la Commune.** Man darf sich diese Partei
nicht als sehr zahlreich denken. In dem grofsen Paris mit
seinen 700 000 Einwohnern gehörten dazu nur einige Tausend,
die an Dreistigkeit und Frechheit das ersetzten, was ihnen an
Zahl abging. Sie beherrschten Paris und von da aus die
26 Millionen Frankreichs.

   Seite 49, Zeile 2: Danton, le Mirabeau de la populace.
In ähnlicher Weise wird Danton schon von den Zeitgenossen
charakterisiert. Ein genaues Bild von seiner Beredsamkeit sich
zu machen, ist sehr schwer. Denn keine Reden der Revolutionszeit sind so schlecht überliefert wie gerade die seinen. Sicher
ist, dafs die Dantonsche Beredsamkeit, unterstützt von einer
gewaltigen Stimme, eine fast dämonische Macht auf die Zu-
hörer ausgeübt hat. Es scheint den Schreibern gar nicht
möglich gewesen zu sein, seinen Reden mit der Feder zu
folgen. Er sprach in der Regel aus dem Stegreif und hat
seine Reden nie drucken lassen. Die herkömmlichen Regeln
der Rhetorik ignorierte er völlig. — Z. 15: **de l'audace,
encore de l'audace, et toujours de l'audace.** Ein Redner
von anderem Geiste, der Jansenist Royer-Collard, rief am
26. Messidor des Jahres V im Rate der Fünfhundert: *„Aux
cris féroces de la démagogie invoquant l'audace et puis l'audace
et encore l'audace, représentants du peuple, vous répondrez
enfin par ce cri consolateur et vainqueur qui retentira dans
toute la France: La justice, et puis la justice, et encore la
justice.“* — Z. 20: **Danton ordonna ou laissa ordonner ces
affreux massacres.** Es ist in neuerer Zeit bestritten worden,
dafs der Justizminister selbst den Befehl dazu gegeben hat.

Sicher ist jedenfalls, daß er von der beabsichtigten Metzelei
im voraus gewußt und nichts zur Verhinderung derselben
gethan hat. Zu seiner Rechtfertigung bemerkte er in einer
Rede vom 10. März 1793: *„Puisqu'on a osé rappeler ces
journées sanglantes sur lesquelles tout bon citoyen a gémi,
je dirai, moi, que si un tribunal eût alors existé, le peuple
auquel on a si souvent reproché ces journées, ne les aurait
pas ensanglantées; je dirai, et j'aurai l'assentiment de tous
ceux qui ont été les témoins de ces moments-là, que nulle
puissance humaine n'était dans le cas d'arrêter le débordement
de la vengeance nationale."* Schon Sébastien Mercier hat bemerkt, daß in der Nähe der Gefängnisse mehrere Bataillone
Nationalgarde lagen, die sofort marschiert wären, wenn die
Regierung sie verlangt hätte. Aber niemand ließ sie holen.
— Was die Genesis der Septembermetzelei anbelangt, so hat
zuerst Marat in seinem *„Ami du peuple"* den Gedanken einer
Massenermordung der „Verräter" ausgesprochen, schon am
19. August, also noch ehe die Festung Longwy eingenommen
war. Für den halbverrückten Marat war der Massenmord ja
überhaupt eine Panacee. Am 23. August stand der Beschluß
schon fest. Der eigentliche Zweck, den die Partei der Kommune
dabei verfolgte, war der, bei den bevorstehenden Wahlen für
den Nationalkonvent durch Erzeugung eines panischen Schreckens
eine möglichst große Anzahl ihrer Kandidaturen durchzusetzen.
Gerade auf den 2. September, einen Sonntag, war der erste
Wahltag festgesetzt. In Paris gelang allerdings der Plan,
nicht aber in der Provinz, denn diese wählte trotzdem zahlreiche Anhänger der Gironde. — Z. 24: égorgeurs soudoyés.
Die Mörder erhielten 6 Frcs. und mehr für den Tag, dazu
noch freies Essen und Trinken.

Seite 50, Zeile 11: **La Salpêtrière.** Eine im südlichen
Paris gelegene Versorgungsanstalt für kranke und alte Frauen.
Die unglücklichen Insassinnen hatten ein schweres Los, denn
sie verkamen fast in Schmutz und Elend, wie man aus fol-
gender Stelle eines 1790 vom Herzog von Liancourt geschriebenen

Berichtes über die Anstalt sieht: „*La salle la plus horrible que l'on puisse présenter aux yeux de celui qui conserve encore quelque respect pour l'humanité, est celle où près de 200 filles, jeunes et vieilles, attaquées de la gale, des écrouelles et de la teigne, couchent pêle-mêle, se communiquant tous les maux que la fréquentation peut donner. Combien de fois, en parcourant ces lieux de misère, ne se dit-on pas avec horreur qu'il serait presque moins cruel de laisser périr l'espèce humaine que de la conserver avec aussi peu de ménagements.*"
— **Bicêtre**, eine südlich von Paris gelegene Anstalt, die zugleich als Krankenhaus, Irrenanstalt und Korrektionshaus diente.
— Z. 12: **Le chiffre des morts s'éleva à 966.** Ein neuerer Forscher berechnet nach genauem Studium der Akten die Zahl der Ermordeten auf 1368. — Z. 24: **la jeune armée française.** Das war nun nicht mehr das frühere königliche, sondern das von dem Geiste der neuen Zeit erfüllte Heer. — Z. 26: **partis de Coblentz le 10 juillet.** Von dort bis zur Grenze brauchte das Heer 20 volle Tage. Der Herzog von Braunschweig ging eben höchst ungern an diesen Krieg und hatte die Absicht, sich auf die Einnahme der Maasfestungen zu beschränken; ein Feldzug gegen Östreich wäre viel mehr nach seinem Herzen gewesen.

Seite 51, Zeile 28: Deux mille volontaires sortaient chaque jour de Paris. Dabei gab es allerdings viele, die auf diese Weise den Septembermördern zu entkommen suchten. — Z. 33: **l'Argonne, pays de facile défense.** Vgl. Sybel 1, 555: „Das beste Verteidigungsmittel der Argonnen ist die Weiche des Thonbodens, der sich bei Regengüssen auflöst und die Strafsen zu Sümpfen macht; fragt man aber nach undurchdringlichem Walde, engen Gebirgspässen, steilen Felsschluchten, so ist davon nicht viel zu entdecken."

Seite 52, Zeile 2: ses conscrits que les émigrés appelaient des tailleurs et des cordonniers. Man denkt an die Worte des Jägers über die Arkebusiere in Wallensteins Lager:

> Laß sie gehen, sind Tieffenbacher,
> Gevatter Schneider und Handschuhmacher.

Z. 8: **une canonnade.** Die Artillerie war damals vielleicht die beste Waffe der französischen Armee. Sie war durch die Emigration am wenigsten desorganisiert worden. — Z. 15: **Vive la nation!** Früher rief man: *Vive le Roi!* (Vgl. Paul et Virginie: *„Les matelots crièrent trois fois: Vive le Roi! car c'est le cri des Français dans les dangers extrêmes ainsi que dans les grandes joies, comme si, dans les dangers, ils appelaient leur prince à leur secours ou comme s'ils voulaient témoigner alors qu'ils sont prêts à mourir pour lui.")* Den Ruf *„Vive la Nation!"* zuerst in Frankreich ausgestoßen zu haben, rühmte sich Sieyès. — Wie sehr das Wort *Nation* zu jener Zeit Mode war, sieht man aus einer damaligen Reisebeschreibung (bei Ramband, *Hist. de la civilisation contemp.* S. 300 Anm.: *Chaque village, chaque chaumière nous salue du cri de* Vive la nation! *Le cabaret vous invite à boire* à la nation, *et vous offre un logement* à la nation. *Le marchand de chandelle offre de la poudre à cheveux et du tabac à priser* à la nation, *et il y a même des barbiers patriotes dont les enseignes vous annoncent que vous pouvez vous faire couper les cheveux et arracher les dents* à la nation." — Z. 21: **Brunswick fait cesser l'action.** Zwar hatten die Preußen bei Valmy keine entscheidende Niederlage erlitten, aber der Vormarsch auf Paris mußte doch aufgegeben werden. So gering die Verluste auf beiden Seiten waren, so groß war der moralische Eindruck. Bei den Franzosen herrschte Begeisterung, bei den Preußen eine gedrückte Stimmung. — Z. 22: **la Convention.** Dieses Wort war früher schon in Schottland (1643) und England (1688), auch in Amerika gebraucht worden. — **La Convention proclamait le république.** Vgl. Sybel 1, 439: Als am 21. September der Nationalkonvent eröffnet wurde, war die Erklärung der Republik eine ganz von selbst sich verstehende Sache." Die Kommune von Paris hatte nicht einmal so lange gewartet. Sehr bald nach dem 10. August datierte sie ihre Schriftstücke vom 1. Jahre der Freiheit, und ließ alle königlichen Abzeichen in der Stadt zerstören. — Z. 25: **Sa réponse fut digne du vieux sénat romain.** Als Pyrrhus nach dem Siege bei Heraklea (280) den Cineas mit Friedensunterhandlungen nach Rom schickte, gab der Senat ihm die Antwort, daß Rom nicht unterhandeln könne, so lange noch der Feind auf italischem Boden stünde. Das wurde seitdem Grundsatz der römischen Politik. — Z. 29: **les maladies.** In Folge der häufigen Regengüsse war die Ruhr im preußischen Heere ausgebrochen.

Seite 53, Zeile 3: **Dumouriez la poussait mollement dans la retraite.** Trotz der erwähnten öffentlichen Erklärung des Senats brachte Dumouriez doch eine ganze Woche in heimlichen Unterhandlungen mit Preußen hin, in der stillen Hoffnung, es von Östreich zu trennen. Die von Polen eintreffenden Nachrichten kamen ihm dabei zu statten. — Z. 4: **Custine** (1740—1793) hatte an dem siebenjährigen Kriege und am amerikanischen Unabhängigkeitskampfe teilgenommen und saß später als Vertreter des Adels in den Reichsständen. Die Fehler, die er bei dem Feldzuge der Rheinarmee machte, zogen ihm eine Anklage auf Verrat und das Todesurteil zu. — **Custine, le long du Rhin, avait pris l'offensive.** Es scheint auf den ersten Blick sehr kühn, mit einer Armee von nur 18 000 Mann im Rheinlande vorzudringen, während die preußischen Truppen in Frankreich standen. Aber freilich hatte es Custine mit keinem ernsten Gegner zu thun. Denn die geistlichen Bistümer an der großen „Pfaffenstraße" waren nicht im stande, die unzweifelhaft vorhandenen Hilfsquellen des Landes straff zu organisieren und die Bevölkerung zum Widerstande zu begeistern. Da zeigte sich wieder einmal, wie kläglich die deutsche Westgrenze gegen einen französischen Angriff geschützt war. — Z. 6: **Montesquiou** (1741—1798) hatte als Vertreter des Adels in den Reichsständen eine sehr volksfreundliche Haltung beobachtet und daher 1792 das Kommando der Südarmee erhalten. — Z. 21: le fils du duc d'Orléans, damals *le général Égalité* genannt, da sein Vater seinen Familiennamen abgelegt hatte und sich einfach Philippe Egalité nannte. — Z. 31: Les coalisés croyaient faire un voyage à Paris. Noch am 15. Sept. 1792 hatte der Prinz von Hohenlohe in einem Briefe an den Kaiser den Feldzug als eine *„promenade militaire à Paris"* bezeichnet.

Seite 54, Zeile 2: les sinistres pressentiments qui déjà s'éveillaient. Vgl. Goethe, Campagne in Frankreich: „Die größte Bestürzung verbreitete sich über die Armee. Noch am Morgen hatte man nicht anders gedacht, als die sämtlichen Franzosen anzuspießen und aufzuspeisen, ja mich selbst hatte das unbedingte Vertrauen auf ein solches Heer, auf den Herzog von Braunschweig zur Teilnahme an dieser gefährlichen Expedition gelockt; nun aber ging jeder vor sich hin, man sah sich nicht an, oder wenn es geschah, so war es, um zu fluchen oder zu verwünschen. Wir hatten, eben als es Nacht werden wollte, zufällig einen Kreis geschlossen, in dessen Mitte nicht einmal wie gewöhnlich ein Feuer konnte angezündet werden; die meisten schwiegen, einige sprachen, und es fehlte doch eigentlich einem jeden Besinnung und Urteil. Endlich rief man mich auf, was ich dazu denke — denn ich hatte die Schar gewöhnlich mit kurzen Sprüchen erheitert und erquickt —; diesmal sagte ich: Von hier und heute geht eine neue Epoche der Weltgeschichte aus und ihr könnt sagen, ihr seid dabei gewesen." — Z. 10: La Convention. Wie die Legislative, bestand auch diese Versammlung aus 745 Mitgliedern. 77 davon hatten in der alten Konstituante gesessen, 186 waren Mitglieder der Legislative gewesen. — Der Konvent tagte zuerst im *„Manège"*, später, vom 10. Mai 1793 an, in dem von Ludwig XIV. erbauten Theatersaale der Tuilerien, wo Molière seine *Psyché* hatte aufführen lassen. Dieser Saal war fast zu groß und die Akustik ziemlich mangelhaft. Zahlreiche Galerien, auf denen an 2000 Personen Platz hatten, befanden sich auf

allen vier Seiten, sogar hinter dem Präsidentenstuhle. Von
dort aus terrorisierte der Pariser Pöbel die Abgeordneten. —
Z. 14: Son premier acte fut de proclamer la république.
Der Antragsteller, Bischof Grégoire, bemerkt in seinen Memoiren, daß er einige Tage lang danach vor Freuden weder
habe essen noch schlafen können. Das kennzeichnet die überspannte Stimmung jener Zeit. — Z. 19: les Montagnards.
Sie waren zuerst nur 180 Mann stark, denn die Wahlen in
der Provinz waren meist gegen sie ausgefallen. Was ihnen
aber an Zahl abging, das ersetzten sie durch straffe Disciplin
und rücksichtsloses Vorgehen.

Seite 55, Zeile 5: la Plaine, composée d'hommes
modérés. Das ist natürlich sehr *cum grano salis* zu nehmen,
denn für unsere Anschauungen waren auch diese Abgeordneten
nichts anderes als radikal. — Z. 26: Cléry veröffentlichte 1798
in London: *Journal de ce qui s'est passé à la Tour du Temple
pendant la captivité de Louis XVI.* — Die in Paris befind-
liche Straße *Rue de Cléry* ist natürlich nicht nach ihm genannt, sondern nach einem Ortsnamen, wahrscheinlich nach
dem Loirestädtchen Cléry, wo Ludwig XI. begraben liegt.
Eine „*rue de Cléry*" findet sich schon auf einem Pariser Stadt-
plan von 1789.

Seite 56, Zeile 19: Malesherbes (1721—1794), ein auf-
geklärter Staatsmann von unbestechlichem Gerechtigkeitsgefühl,
der unter Ludwig XIV. und Ludwig XV. oft gegen die be-
stehende Willkürherrschaft angekämpft hatte. — Z. 22: de
Sèze (1748—1828), aus Bordeaux, war schon vor 1789 einer
der hervorragendsten Rechtsanwälte. — Z. 24: Saint-Just
(1767—1794), ein stolzer, herrischer Geist, fanatischer Republikaner, schon seit 1790 in persönlichen Beziehungen zu Robespierre. 1793 und 1794 als Abgesandter des Konvents im
Rheindepartement und bei der Nordarmee entfaltete er große
Energie. — Robespierre. Seit dem 10. August, der ohne
sein Zuthun vor sich gegangen war, hatte sein Einfluß ab-
genommen, während der Dantons gestiegen war. Im Dezember

suchte er durch rücksichtslose Haltung in dem Prozesse des Königs das Verlorene wieder einzuholen.

Seite 57, Zeile 2: **Les Girondins ne firent que de timides efforts pour le sauver.** Offen gegen den Berg aufzutreten, wagten sie nicht, und so kamen sie auf den Gedanken einer Berufung an die Urwählerversammlungen des Volkes, in der Hoffnung, daß Ludwig dann gerettet und die drohende Koalition Europas abgewendet werden könnte. Schon damals fing ja das Mitleid für den König an, im Volke sich zu regen, und bald nach dem 21. Januar konnte der amerikanische Gesandte Morris nach Hause berichten: „Die große Masse des Volkes beklagt das Los ihres unglücklichen Königs. Ich habe solchen Schmerz wahrgenommen, wie er bei dem frühen Tode eines geliebten Verwandten hervorzubrechen pflegt. Überall herrscht eine gewisse feierliche Stimmung vor, die das Gemüt mit tiefer Trauer erfüllt." (*Diary and letters of Governor Morris*, New-York 1888.) — Z. 16: **Louis monta sur l'échafaud.** Das war das dritte Mal in der neueren Geschichte Europas, daß ein königliches Haupt der Staatsraison zum Opfer gebracht wurde. Das erste Beispiel hatte Elisabeth von England gegeben.

Seite 58, Zeile 6: **le meilleur moyen de faire revenir les morts, c'est de leur mettre au front une auréole de martyr.** Man kann in der That zweifeln, ob die Bourbonen eine Restauration erlebt hätten, wenn Ludwig XVI. nicht zum Märtyrer gemacht worden wäre. — Z. 10: **Tous les souverains se sentirent blessés du même coup.** Die Stimmung reichte bis nach Rußland, wenn dies auch erst viel später in die Koalition eintrat. Sofort nach Eintreffen der Nachricht aus Paris brach Kaiserin Katharina die diplomatischen Beziehungen mit Frankreich ab und legte allen in Rußland sich aufhaltenden Franzosen einen Eid auf, in dem sie schwören mußten, die Frevelthat zu verabscheuen. Der Bruder Marats, der damals in Petersburg als Hauslehrer lebte, sah sich unter dem Drucke der öffentlichen Stimmung genötigt, einen falschen

Namen anzunehmen. — Z. 19: **Pitt l'entraîna dans la coalition.**
Der jüngere Pitt, der von 1783—1801 das englische Ministerium
leitete, war der bedeutendste Gegner Frankreichs in seinem
langen Kampfe gegen Europa. Er war die eigentliche Seele
der Koalition und zeigte mehr Ausdauer als irgend einer der
festländischen Staatsmänner. Obwohl von Haus aus kein
Feind Frankreichs, entschloß er sich doch, den Kampf aufzu-
nehmen. Einmal wußte er, daß die französischen Machthaber
es auf die Erwerbung Belgiens abgesehen hatten, und als
englischer Staatsmann konnte er eine derartige Vergrößerung
der französischen Küste nicht dulden. Andrerseits hatte er
Beweise dafür, daß man sich in Frankreich mit dem Plane
trug, in England eine Staatsumwälzung zu Gunsten der Republik herbeizuführen. Die demokratischen Klubs Englands
standen in geheimer, enger Beziehung zu Paris. Seit dem
10. August und 2. September war die Stimmung des englischen Volkes sehr gegen Frankreich, besonders aber wirkte
die Hinrichtung des Königs entscheidend, so daß der Krieg,
von einer volkstümlichen Stimmung getragen, als ein wirklich
nationales Unternehmen erschien. Trotz alledem fiel Pitt der
Entschluß doch nicht leicht. Denn gerade im Januar 1793
vollzog sich die dritte Teilung Polens. — Z. 26: **La Suède-
dans la neutralité.** Schweden wurde noch in demselben
Jahre Frankreichs Verbündeter. Das war die erste Allianz,
welche die französische Republik mit einer Macht des alten
Europas abschloß.

Seite 59, Zeile 3: dans les provinces de l'Ouest. Im
Westen, namentlich in der Vendée, hatten sich noch patriar-
chalische Zustände erhalten. Dort war fast die einzige Stelle
Frankreichs, wo die Bauern mit den Pfarrern und Gutsherren
in gutem Einvernehmen lebten. — Z. 13: **une levée de
300000 hommes.** Zum erstenmale in Frankreich fand damals anstatt des alten Werbesystems eine zwangsweise erfolgende Aushebung statt. — Z. 18: **Dumouriez vaincu à
Neerwinden se déclarait contre la Convention.** Schon

seit Oktober 1792, wo der Jakobiner Pache Kriegsminister
geworden war, wurde Dumouriez von den Gewalthabern mit
Mifstrauen betrachtet, weil er ihrem Plane einer Aussaugung
des eroberten Belgiens zuwider war. Als man ihn nun so zu
sagen zur Ohnmacht verurteilen wollte, indem man es seinem
Heere systematisch an allem Nötigen fehlen liefs, stieg der
Gedanke der Auflehnung in ihm auf, und schon Anfang 1793
trat er scharf gegen das Treiben der Konventskommissare in
Belgien auf. Damit entschied sich sein Schicksal. Nur durch
einen Sieg konnte er sich retten, Neerwinden war aber eine
Niederlage und jede Niederlage galt damals als Verrat. So
mufste er sich gegen den Konvent erklären, als er auf Frankreich zurückgeworfen wurde. Er wollte auf Paris marschieren
und nach Vernichtung der Jakobiner Ludwig XVII. zum
Könige ausrufen. Im entscheidenden Augenblicke fehlte es
ihm aber doch an Thatkraft und darüber schlug die Stimmung
seiner Truppen gegen ihn um.

Seite 60, Zeile 20: Vgl. Sébastien Mercier, Tableau du
nouveau Paris (1797), Kap. 97, sagt von jener Zeit: *La terreur
était telle que si on eût dit à un particulier: à telle heure la
charrette passera devant ta maison, tu descendras et tu t'y placeras,
le particulier aurait attendu la charrette, aurait descendu son esca-
lier et s'y serait placé.* — Z. 27: **La Girondins et les Montagnards se livraient dans la Convention un combat acharné.**
Seit dem 21. Januar kamen die meisten Mitglieder bewaffnet in
die Konventssitzungen, denn jeder war auf das Schlimmste ge-
gefafst. Der Galerienpöbel, darunter auch viele Weiber, be-
ging die ärgsten Ausschreitungen. Man pfiff, zischte, brüllte,
stampfte, drohte mit Mord und Todtschlag, wenn ein den
Galerien mifsliebiger Abgeordneter das Wort ergriff. — Z. 32:
Marat. Taine, der eine vorzügliche Diagnose von Marats
geistiger Verfassung geliefert hat, bezeichnet ihn als einen
Wahnsinnigen mit lichten Augenblicken. — Z. 32: **Le salut
public est la loi suprême.** Schon die alten Römer hatten

den Grundsatz: *„salus publica suprema lex esto"* und handelten danach.

Seite 61, Z. 1: 270 000 têtes. Diese Zahl verlangte er seit Oktober 1792. Nach dem Sturme auf die Bastille hatte er sich getraut, den Staat mit nur 500 Hinrichtungen zu retten! — Z. 6: **sabot**, Holzschuh, wird wegen seiner Billigkeit gern von den unteren Klassen getragen, besonders auf dem Lande. — Z. 7: **la carmagnole**. Dies Wort hat verschiedene Bedeutungen. Es bedeutet 1) die eigentümliche Tracht der französischen „Patrioten", die besonders im Jahre 1793 getragen wurde: lange, weite, schwarze Hose *(pantalon*, nicht *culotte*, was kurze, anliegende Kniehose heißt), schwarze Jacke, dreifarbige oder rote Weste. Zur vollen Tracht gehörte auch die rote Mütze. (Vgl. Anm. zu Seite 46, Z. 20). Diese Tracht scheint besonders durch die Föderierten von Marseille, die sie aus dem Süden mitbrachten, in Gebrauch gekommen zu sein, und hat ihren Namen vielleicht von der piemontesischen Stadt Carmagnola; 2) ein revolutionäres Lied ohne jeden poetischen Wert und tieferen Gehalt, das nach dem 10. August viel gesungen wurde. Die charakteristische erste Strophe lautet:

> *„Madame Veto avait promis* (bis)
> *De faire égorger tout Paris* (bis),
> *Mais le coup a manqué*
> *Grâce à nos canonniers!*
> *Dansons la carmagnole!*
> *Vive le son, vive le son,*
> *Dansons la carmagnole!*
> *Vive le son du canon!"*

3) bedeutet das Wort, wie in eben diesem Liede, einen Reigen, der dazu getanzt wurde; und endlich bezeichnete man damit 4) die poetisch gefärbten, überschwänglichen Berichte, mit denen das Konventsmitglied Barère die Thaten der republikanischen Armeen auf der Rednertribüne zu verherrlichen pflegte. — Z. 8: **crime de modérantisme.** Es war eine

echt jakobinische Anschauung, daß nicht nur der Verräter
strafwürdig sei, sondern auch der Gemäßigte, der Gleichgiltige.
— modérantisme ist, wie *incivisme*, *négociantisme* etc., ein
damals neugebildetes Wort zur Bezeichnung neuer „Verbrechen“. — Z. 9: **sa mise en accusation.** Das geschah am
13. April. In den Augen seiner Anhänger war Marat nun ein
Opfer, ein Märtyrer. — Z. 10: **Le tribunal révolutionnaire.**
Dieser Gerichtshof war am 10. März 1793 von der girondistischen Mehrheit selbst geschaffen worden. — Z. 18:
Marat absous. Am 24. April. — Z. 25: **sous la pression
de l'émeute.** Um die Tuilerien herum hatte die Kommune-
partei 163 Kanonen aufgefahren, daneben Feuerroste und
Kohlen, um die Kugeln glühend zu machen. Auf den Galerien des Konvents drängte sich eine mit allerhand Waffen aus-
gerüstete, wüst schreiende Masse. Ungefähr die Hälfte der
Abgeordneten wagte es gar nicht, in der Sitzung zu erscheinen,
so kam das Dekret zu stande, welches die Girondisten in Anklagezustand versetzte. Vgl. Sybel 2, 293: Die Gironde lag
zu Boden. Für ihre politische Laufbahn war der Tag ganz
so entscheidend, wie es der 10. August für das Königtum gewesen. Durch einen kecken Handstreich der Gegner aus dem
Mittelpunkte der Staatsgewalt hinausgeworfen, gingen sie, wie
einst Ludwig XVI., zunächst in gelinde und anständige Haft,
um binnen wenigen Monaten in brutalen Kerker und endlich
unter das Henkerbeil zu gelangen.“ — Z. 29: **soulever les
départements.** Das gelang freilich nur in beschränktem
Grade. Denn wahren Anteil am Schicksale der Girondisten
nahm schließlich doch nur eine kleine Minderheit. Die große
Masse hielt sich in apathischem Stumpfsinn beiseite. —
Bordeaux. Die reiche Hauptstadt der Gironde gehörte be-
greiflicherweise mit zu den ersten Städten, die sich erhoben.
— Z. 33: **Toulon.** Nicht nur gegen die Besieger der Gironde,
sondern auch gegen das von den Jakobinern beliebte System
der Beraubung und Terrorisierung hatte sich die Bürgerschaft
Toulons kräftig zur Wehr gesetzt, und im weiteren Verlaufe

Ludwig XVII. zum Könige ausgerufen. Um der sicheren Rache des Konvents zu entgehen, stellte sie sich am 29. August unter den Schutz der englischen Flotte, die damals den Hafen blockierte. — Z. 34: **Paoli** (1725—1807) hatte für die korsische Unabhängigkeit gegen die Franzosen gekämpft, und war nach dem Siege der letzteren nach England übergesiedelt. Während der Revolution schloß er sich scheinbar an Frankreich an, benutzte aber die ihm in Korsika übertragene Stellung zur Anknüpfung von Verhandlungen mit England. Trotzdem gelang es ihm nicht, auf der Insel festen Fuß zu fassen. Er starb in England in der Verbannung.

Seite 62, Zeile 4: une disette affreuse. Obwo¹l die Ernten von 1792 und 1793 nicht schlecht waren, fehlte es doch sehr an der regelmäßigen Verteilung des Getreides über alle Punkte des Staates. Handel und Wandel lagen danieder. Die Verkehrswege wurden nicht mehr in stand gehalten. Dem Bauer fehlte es vielfach an Lust, ja oft an der Möglichkeit, die Ernte einzuheimsen, und so nahm die Teuerung bald beunruhigende Verhältnisse an. In den Städten sammelten sich die Volksmassen schon um Mitternacht vor den Bäcker- und Fleischerläden, um nach stundenlangem Warten eine kärgliche Ration, wenn überhaupt etwas, zu erhalten. Die Not wurde so groß, daß im Februar 1794 von Staats wegen monatlich ein allgemeiner Fasttag *(carême civique)* festgesetzt wurde, um Lebensmittel zu sparen. Aus demselben Grunde hörte man damals auf, die Perücken zu pudern. — Z. 9: elle décréta le maximum. Das war eine sehr zweifelhafte Maßregel. Denn sie hielt die Waren vom Markte fern, und erschwerte oder hinderte gar ihre Erzeugung. Dazu war sie nicht durchführbar. Die Konventskommissare hatten unzählige Strafen wegen Übertretung des Dekretes zu verhängen. — Z. 16: **plus de liberté commerciale.** Anstatt der allgemeinen Not durch möglichst weites Öffnen der Thore zu steuern, verbot man jede englische Einfuhr, eine Maßregel, die später mit noch größerer Schärfe wieder aufgenommen wurde um das handeltreibende England zum Frieden zu zwingen. Die letzte Formel dieses Systems war die Napoleonische Kontinentalsperre. Aber auch sie hat den englischen Handel nicht ruiniert, — der Schmuggel blühte unter ihr wie nie zuvor — wohl aber den französichen Handel. — Z. 19: le Comité de salut public. Dieser Ausschufs war eine Behörde, die an den Ministerrat der alten Monarchie erinnert. Der Konvent beschlofs seine Einsetzung am 5. April 1798, und ordnete sich ihm seitdem bedingungslos unter. — Z. 20: Merlin. Von den zwei Mitgliedern des Konvents, die diesen Namen führten, ist hier *M. de Douai* gemeint, der als hervorragender Jurist schon in der Konstituante thätigen Anteil an der Neugestaltung Frankreichs gehabt hatte. Unter Napoleon hatte er das wichtige Amt eines Generalprokurators am Kassationshof. — Z. 22: Barère war in der Regel der Wortführer des Ausschusses vor dem Konvente, ein sehr gern gehörter Redner. Er hatte die Gabe, sich mühelos in grofsen Worten zu ergehen. Trotz seines Schwulstes aber sprach er in hohem Grade schwungvoll, und die Soldaten im Felde, denen man seine Berichte *(carmagnoles)* vorlas, hörten sie mit Begeisterung. Ein Offizier soll seinen Leuten vor einem Sturme zugerufen haben: *„Mes enfants, il s'agit aujourd'hui d'envoyer Barère à la tribune.“* Das Wort hatte Glück, und die Soldaten feuerten sich seitdem bei einem Angriffe oft mit den Worten an: *„Barère à la tribune!“* — Z. 25: Tous les âges sont appelés à défendre la liberté. Die Wirkung dieser ungeheuren, im August 1798 angeordneten Aushebung konnte sich natürlich nicht sofort geltend machen. — Weder die Ziffer 1 200 000 noch die bekannte der 14 Armeen hat sich vor der Kritik als stichhaltig erwiesen. Sybel berechnet aktenmäfsig die damalige Präsenzstärke der französischen Armee auf ungefähr 600 000 Mann, und stellt ferner fest, dafs es damals in Wirklichkeit nur 11 getrennt operierende Armeen gab, die zum Teil von sehr geringer Stärke waren. Die falschen Ziffern sind von der herrschenden Partei in Umlauf gesetzt worden, und haben sich seitdem bis

in die neueste Zeit erhalten. — Z. 30: **Billaud-Varennes,**
1756—1819, aus La Rochelle, eifriger Republikaner, gehörte
zu den fortgeschrittensten Mitgliedern der Bergpartei und
zeichnete sich durch leidenschaftliche Beredsamkeit aus. —
Collot d'Herbois, 1750—1796. Seinen Beinamen, den er
sich als früherer Schauspieler beigelegt, sprach man gern *des
bois* aus, mit Anspielung auf die Guillotine. — Z. 31: **Couthon**
(1754—1794), ehemals Advokat, war fast gänzlich gelähmt,
weshalb er sich bei grofsen Anlässen auf die Tribüne des Konvents tragen liefs. Trotz seines Zustandes besafs er eine
aufserordentliche Energie. — Carnot (1753—1823) aus Nolay,
schon vor der Revolution ein namhafter Genieoffizier, wurde
in die Legislative und in den Convent gewählt, nahm wenig
Anteil an den Parteikämpfen, arbeitete aber um so angelegent-
licher in den Ausschüssen. Vom 14. August 1793 bis zum
5. März 1795 war er Mitglied des Wohlfahrtsausschusses und
entfaltete hier, namentlich im Kriegswesen, eine grofsartige
organisatorische Thätigkeit. Später wurde er von 14 Departements in den Rat der Alten gewählt und safs bis zum
Staatsstreiche des 1. Fructidor im Direktorium. Unter dem
Konsulat war er eine Zeitlang Kriegsminister., trat aber bald
zurück und stimmte im Tribunat gegen das lebenslängliche
Konsulat sowie gegen die Errichtung des Kaiserthrons. 1814
übernahm er die Verteidigung von Antwerpen und hielt diesen
Platz bis zur Abdankung des Kaisers. Als „*régicide*" wurde
er von der Restauration verbannt und starb 1823 in Magde-
burg. Sein Enkel ist der jetzige Präsident der französischen
Republik. — Z. 32: **Prieur** (de la Marne) 1760—1827, hatte
schon in der Konstituante zur äufsersten Linken gehört. —
Lindet (1743—1825), ein klug berechnender Kopf, gehörte zu
den Männern gemäfsigter Richtung.

Seite 63, Zeile 8: **Carnot.** Man weifs jetzt (Jung,
Dubois-Crancé, Paris 1884, 2 vol.), dafs neben Carnot das
Hauptverdienst der damaligen Heeresorganisation dem Kon-
ventsmitgliede Dubois-Crancé zufällt. Schon 1789 hatte dieser

von der Konstituante die allgemeine Wehrpflicht verlangt, er-
reichte sie aber erst 1793, unter dem Drucke der Gefahr. Der
große Verschmelzungsprozeß zwischen der Linie und den
Freiwilligen, der erst die Armee zu einer straff geschlossenen
Masse machte, ist ein Gedanke von ihm. Je zwei Freiwilligen-
bataillone vereinigte er mit einem Linienbataillon zu einer
Halbbrigade, je zwei Halbbrigaden zu einer Brigade, je zwei
Brigaden zu einer Division. — Z. 10: Fourcroy (1755—1809)
war einer der bedeutendsten Chemiker Frankreichs. — Z. 11:
Bordeaux et Lyon etc. Gegen die unterworfenen Städte
wurde in ganz barbarischer Weise mit Guillotinierung und
Beraubung vorgegangen, was man amtlich mit dem Kunstaus-
drucke „*régénérer*" bezeichnete. Man schätzt, daß damals
binnen 6 Monaten an 400 Millionen in ganz Frankreich unter
gesetzlichen Formen erpreßt worden sind, von denen sich freilich manche in Privattaschen verirrten. Lyon wurde wegen
seines langen Widerstandes besonders hart gezüchtigt: ganze
Straßen riß man nieder, und da die Guillotine zu langsam
arbeitete, so nahm man Massenhinrichtungen mit Kartätschen-
feuer vor. Selbst der Name Lyon wurde abgeschafft und in
„*Commune affranchie*" umgewandelt. Der Leiter dieser „*Ré-
génération*" war Collot d' Herbois. Nicht weniger grausam
wurde Toulon gezüchtigt, und die Bevölkerung dieser Stadt
sank damals von 28000 auf 6000. Taine bemerkt, daß
seit dem Mongoleneinfall im 13. Jahrhundert eine derartige Vernichtungswut nicht wieder vorgekommen sei. —
Z. 21: les nobles, les prêtres périssaient en foule.
Nicht bloß diese kamen um, sondern überhaupt die Reichen,
die Begüterten. Denn ihr Vermögen war den Machthabern eine willkommene Beute. Indem man die Reichen
hinrichtete, füllte man die Kassen des Staates, und die Guillotine wurde damals in cynischer Weise geradezu als eine
Geldprägemaschine bezeichnet. Frankreich stand damals thatsächlich unter dem Eroberungsrechte, das mehr als 24 Millionen
aus den Händen einer kleinen Minderheit über sich ergehen

liefsen. „Überall fühlten sich die Jakobiner einsam im Lande, verurteilt, immer vernichtender zu werden, wenn sie selbst der Vernichtung entrinnen wollten." (Sybel 2, 417.) Die anständigen Leute hielten sich meist beiseite. Das sieht man u. a. daraus, dafs die Protokolle der Revolutionsbehörden oft in der lächerlichsten Orthographie abgefafst sind, die ein Ausländer nur dann verstehen kann, wenn er sich den betreffenden Satz laut vorliest. Gerade die ungebildetsten Elemente der Bevölkerung gelangten damals zur Herrschaft. 1793 war der Vorsitzende des Jakobinerklubs in Rochefort der Henker des Ortes. — Z. 23: **une armée révolutionnaire.** Dieses im September 1793 gebildete Korps, das die besondere Aufgabe hatte, die Sache der Revolution zu fördern, und sich bald einen gefürchteten Namen erwarb, stand zur Verfügung der im Lande herumreisenden Konventskommissare, der aufserordentlichen Bevollmächtigten des Wohlfahrtsausschusses. Ihrer gab es durchschnittlich 100. In der Regel erstreckte sich ihre Vollmacht auf einen bestimmten Bezirk und eine bestimmte Zeit, etwa einen Monat. Dann berief man sie ab und schickte sie an eine andere Stelle. Ihr Treiben grenzt vielfach an Wahnsinn, und man schaudert, wenn man die Einzelheiten verfolgt. — Z. 25: **Carrier** (1756—1794), einer der tollsten Exaltados jener Zeit, eine Art von revolutionärem Caligula. Während des Aufstandes in der Vendee liefs er die Gefangenen täglich hundertweise erschiefsen und ertränken. Die Zahl der Ertränkten berechnet man auf 4—5000, darunter auch viele Frauen und Kinder, sogar Säuglinge. — Z. 26: **Fouché** (1763—1820), eifriger Jakobiner, verschlagener Charakter, der es verstand, schlau seinen Vorteil wahrzunehmen, und der noch unter Napoleon eine angesehene Rolle als Polizeiminister spielte. — Z. 27: **Barras** (1755—1819), aus altadliger Familie, ehemal* Offizier, der u. a. auch in Amerika gekämpft hatte. — **Fréron** (1765—1802), ein leidenschaftlicher, gewaltthätiger Mann, der von vornherein thätigen Anteil an der Revolution genommen hatte. — Z. 30: **Charlotte Corday** (1768—1793), eine Grofsnichte des Tragikers Corneille, hatte den Gedanken zu ihrer That seit dem Sturze der Girondisten gefafst, die nach ihrer Ächtung in der Normandie herumirrten. Am Tage vor ihrer Hinrichtung schrieb sie an ihren Vater einen Brief, in welchem sie den Corneilleschen Vers citierte: *„Le crime fait la honte, et non pas l'échafaud."*

Seite 64, Zeile 4: le duc d'Orléans. Dieser Prinz aus königlichem Geblüte, der sich ganz auf den Boden der neuen Zeit gestellt und den Namen Philippe Egalité angenommen hatte, starb in tiefster Reue über sein Verhalten gegen König Ludwig. — Z. 5: Custine. Vgl. zu Seite 58, Z. 8. — Biron (1747—1793) hatte in Amerika gekämpft und als Vertreter des Adels in den Reichsständen gesessen. Wegen seiner Beziehungen zum Herzog von Orléans wurde er den Machthabern verdächtig und daher unter Anklage gestellt. — Houchard (1740—1793) hatte als Befehlshaber der Moselarmee Mainz nicht entsetzen können und wurde besonders deswegen unter Anklage gestellt. — Z. 6: Lavoisier (1743—1793), der Entdecker des Oxygens und Hauptbegründer der modernen Chemie. Er wurde als ehemaliger *„Fermier général"* angeklagt und zum Tode verurteilt. Mit ihm zugleich wurden 27 andere ehemalige Steuerpächter hingerichtet. — mille autres têtes tombèrent. Die Gesamtzahl der in ganz Frankreich damals Guillotinierten berechnet Taine auf 17000; so viele sind wenigstens sicher bekannt geworden. Die Gesamtzahl der Getöteten ist natürlich viel gröfser. — Z. 10: place de la Concorde. Dieser Platz war 1748 unter dem Namen *Place Louis XV* angelegt worden, als der König noch sehr beliebt war. Die ihm daselbst errichtete Bildsäule wurde 1792 niedergerissen und an ihrer Stelle die Guillotine aufgebaut, und zwar auf Beschlufs der Kommune ständig. Seitdem nahm der Platz den Namen *Place de la Révolution* an, seit 1795 *Place de la Concorde*, und dieser Name ist nach verschiedentlichen Änderungen der endgiltige bis auf die Jetztzeit geblieben. — Z. 11: la barrière du Trône. Die Rue Saint-Honoré, durch

welche die Henkerswagen fahren mufsten, um auf den Revo-
lutionsplatz zu gelangen, war damals einer der glänzendsten
und belebtesten Stadtteile von Paris. Da von seiten der Bewohner Klagen laut wurden über die ihnen durch das tägliche
Vorbeifahren der Hinzurichtenden zugefügten Störungen und
Schädigungen, so verlegte man die Guillotine nach dem Bastillen-
platze, und, da dies als ein unpassender Platz erschien, nach
dem anderen Ende der Antonvorstadt, in die Nähe der „*Barrière
du Trône*". — Z. 17: **Le Père Duchêne.** Die Figur des
alten Duchêne war schon vor der Revolution ein volkstümlicher Typus, der aber besonders während jener Bewegung von
vielen Flugschriften und Zeitungen als Aushängeschild benutzt
wurde. Das bekannteste Blatt, das diesen Titel führte, ist das
hier gemeinte, von 1790 bis 1794 von Hébert herausgegebene,
jetzt eine grofse bibliographische Seltenheit. Jede Nummer
des Blattes hatte einen besonderen Titel, der in den Strafsen
ausgerufen wurde, z. B.: *La grande joie du Père Duchêne* etc.,
oder: *La grande douleur du Père D.* etc., oder: *La grande
colère du Père D.* etc. — Z. 19: **Les Hébertistes firent placer
la déesse Raison sur l'autel de Notre-Dame.** Im Nov.
1793 liefsen die Hébertisten vom Konvente den Vernunftkultus
beschliefsen, nachdem schon am 24. Okt. d. J. der neue Kalender
eingeführt worden war, der den Sonntag durch den *Décadi*
ersetzte. Am 10. Nov. fand die unwürdige Ceremonie statt,
durch welche die Notre-Dame-Kirche entweiht wurde. Dieses
Unwesen wiederholte sich natürlich in den Departements. —
Z. 22: **Le Vieux Cordelier.** Von dieser Zeitung erschienen
nur 7 Nummern, im Dezember 1793. Die rücksichtslosen An-
klagen, welche sie gegen die Schändlichkeiten der Kommune-
partei schleuderte, fanden einen kräftigen Widerhall im ganzen
Lande. Was Tausende nur zu denken wagten, das wurde in
diesem Blatte laut ausgesprochen. Man ahnte damals freilich
noch nicht, dafs Robespierre selbst hinter der Veröffentlichung
steckte. Er selbst hat die Druckbogen derselben korrigiert. —
Z. 29: **l'athéisme.** Unter Atheismus verstand Robespierre,

der sich zur Rousseauschen Schule hielt, die ganze geistige
Richtung der Encyklopädisten. Ohne sich innerlich für den
Glauben an Gott zu erwärmen, — in seinem Entwurf der
Menschenrechte hatte er nicht Gott, sondern die Natur als
höchste Gewalt aufgenommen, — benutzte er doch als kluger
Mann die religiöse Frage als Hebel gegen die Hebertisten,
weil er wohl wufste, dafs die von diesen Leuten betriebenen
Kirchenschändungen die breiten Massen des Volkes tief auf-
geregt hatten. — **conspirer avec l'étranger.** Das war eine
Anklage, die man zu jener Zeit seinen Feinden besonders gern
entgegenschleuderte. — Z. 31: **Danton exécuté.** Es ist eine
Fabel, dafs Robespierre versucht habe, Danton zu retten. Seiner
öffentlichen Haltung nach konnte das allerdings so scheinen,
aber das war eitel Heuchelei. Man weifs jetzt, dafs er Saint-
Just insgeheim das Material zu einer vernichtenden Anklage
gegen Danton geliefert hat.

Seite 65, Zeile 13: **Bourdon de l'Oise.** Er hatte seinen
Beinamen, weil er vom Departement der Oise in den Konvent
gewählt worden war. Später war er Mitglied des Rates der
Fünfhundert, und wurde wegen royalistischer Untriebe nach
Cayenne deportiert. — Z. 14: **la fête de l'Être suprême.**
Die Kommunenpartei hatte in den Pariser Kirchen den Vernunftkultus eingeführt; Robespierre, der die Bedeutung
einer Staatsreligion für sein System wohl erkannte, liefs
vom Konvente den Kultus des Höchsten Wesens einführen.
Das war die französische Staatsreligion bis zum 21. Februar
1795, wo die völlige Trennung von Staat und Kirche ausgesprochen wurde. Mit dieser Trennung sah sich die katholische
Kirche in Frankreich für ihre Unterhaltung lediglich auf die
Beiträge ihrer Mitglieder angewiesen, ein ganz neuer und
schwieriger Zustand, der aber damals wenigstens die Beseiti-
gung eines schweren Gewissenszwanges bedeutete. — Z. 16:
Le maître s'était affiché trop ouvertement. Robespierre
liefs die Festversammlung mehrere Stunden auf sich warten
und trat fast nach Art eines Hohenpriesters auf. — Z. 23: **La loi**

du 22 prairial (— 10. Juni 1794). Dieses Gesetz verhängte den Tod über Royalisten, Verräter, Feinde der Regierung, untreue Lieferanten und Volksverführer. Die moralische Uberzeugung der Geschworenen genügte zur Verurteilung. Die Verteidigung wurde unterdrückt. — Gesetze werden im Französischen gern nach dem Datum ihres Erlasses bezeichnet, während sie im Deutschen und Englischen in der Regel einen ihren Inhalt zusammenfassenden Namen erhalten (z. B. *Employers' Liability for Injury Bill*, Altersversicherungsgesetz etc.) — Z. 29: **une secte fanatique.** Eine Hauptperson war eine schwärmerische alte Frau, die sich für die Mutter Gottes hielt und zugleich eine lebhafte Neigung für Robespierre bekundete. Die Verhandlung über diesen Gegenstand im Konvente rief grofse Heiterkeit hervor.

Seite 66, Zeile 5. André Chénier (1762—1794), ein hochbegabter Dichter, der leider nicht zur vollen Entfaltung seines Genies gelangt ist. Nachdem er die entstehende Revolution mit Begeisterung begrüfst hatte, trat er bald scharf gegen das unwürdige Treiben der Jakobiner auf und zog sich dadurch den Hafs der Machthaber zu. — **Roucher** (1745—1794) aus Montpellier, Verfasser lyrischer und didaktischer Gedichte, die seinerzeit viel gelesen waren. — Z. 6: **Beauharnais** (1760—1794), ein liberaler Edelmann, der in Amerika gekämpft und als Vertreter des Adels in die Reichsstände gewählt worden war. 1792 stand er an der Nordgrenze und war 1794 Oberbefehlshaber der Rheinarmee. Die Anklage gegen ihn lautete, durch Unthätigkeit die Übergabe von Mainz verschuldet zu haben. Seine Witwe heiratete später den General Bonaparte. — Z. 11: **Robespierre s'abstint de paraître au comité.** Damit beabsichtigte er, seine eigene Sache von der seiner Nebenbuhler, die er verderben wollte, zu trennen. Die Berechnung schlug aber fehl, denn inzwischen gewannen seine Gegner Zeit und Mut, sich gegen ihn zu verbünden. — Z. 17: **La lutte s'engagea dans la Convention.** An jenem 8. Thermidor war von den 745 Konventsmitgliedern kaum der dritte Teil anwesend. — Z. 19: **Robespierre fatigua par une interminable apologie.** Robespierre hatte überhaupt eine sehr weitschweifige Art zu reden; dabei liebte er den abstrakten, allgemeinen Ausdruck, so daſs man hat sagen können, es sei unmöglich, sich aus seinen 500 Reden ein Bild vom Verlaufe der Revolution zu machen. Dieser allgemeine Charakter gab seinen Reden etwas Geheimnisvolles, über dessen eigentlichen Sinn man sich lange den Kopf zerbrechen konnte. — Z. 23: **Cambon (1754 —1820),** aus Montpellier, Mitglied der Legislative und des Konvents. Das Groſse Staatsschuldenbuch (vgl. Seite 83, Z. 18) ist wesentlich sein Werk. — Z. 28: **L'Assemblée refusa de voter l'impression du discours de Robespierre.** Der schon gefaſste Beschluſs wurde wieder rückgängig gemacht und die Entscheidung auf den folgenden Tag verschoben. — Z. 29: **Il courut aux Jacobins.** Dort las Robespierre seine lange Rede noch einmal vor. — Dieselbe Rede zweimal zu halten, war damals nichts aufserordentliches. Der Amerikaner Morris, der von 1789 bis 1794 als aufmerksamer Beobachter in Paris lebte, erzählt, daſs die Mitglieder der Nationalversammlung, wenn sie eine Rede halten wollten, dieselbe vorher gern in einem befreundeten Salon vortrugen, um den Eindruck zu beurteilen, den sie machen würde. — Z. 34: **son frère.** Augustin Robespierre, aus Arras (1763—1794), „*le dauphin révolutionnaire,*" wurde öfters zu amtlichen Sendungen in der Provinz verwandt und nahm dort als Bruder des Diktators eine sehr angesehene Stellung ein. — Z. 35: **Lebas (1762—1794),** Freund Robespierres, Mitglied des Sicherheitsausschusses.

Seite 67, Zeile 15: **un coup de pistolet.** Nicht Robespierre selbst gab den Schuſs ab, sondern der neben ihm stehende Gendarm. Das geht mit Sicherheit aus dem Protokolle der Ärzte über den Leichenbefund hervor. Die Wunde ging von links nach rechts und zwar in der Richtung von oben nach unten. — Z. 20: **Henriot,** Kommandant der Pariser Nationalgarde, eifriger Anhänger Robespierres. — **Coffinhal** war Vizepräsident des Revolutionsgerichtes. — Z. 26: **les victimes**

de Couthon et de Collot d'Herbois à Lyon. Die eigentliche Schreckenszeit begann für Lyon am 4. Okt. 1793, wo Collot dort ankam. Couthon war mit verhältnismäfsiger Mäfsigung verfahren.

Seite 68, Z. 12: Les partis continuèrent encore à se proserire. Die Hinrichtungen waren nicht mehr so zahlreich wie früher, hörten aber doch noch nicht auf. Das Revolutionsgericht bestand noch fast ein ganzes Jahr. Im September 1794 wurden Marats Reste im Pantheon beigesetzt. Noch im Januar 1795 standen Marats Büsten in den Theatern. — Z. 17: L'importance des Comités fut amoindrie. Man bestimmte, dafs der dritte Teil der Ausschüsse Anfang jeden Monats zu erneuern sei. — Z. 25: Carrier. An demselben Tage (11. November 1794) fand die Verhaftung Carriers und die Schliefsung des Jakobinerklubs statt. Gegen diesen hatte sich immer drohender der Unwille des Volkes gerichtet, besonders zum Ausdruck gebracht durch die Angriffe der „Jeunesse dorée". Das Kloster, in dem der Klub getagt, wurde 1795 niedergerissen. — Z. 26: Fouquier-Tinville war als öffentlicher Ankläger ein sklavisches Werkzeug in den Händen der Machthaber, auf deren Wink er jeden, der ihm bezeichnet wurde, auf das Blutgerüst schickte. Nach Robespierres Sturze griff ihn Fréron im Konvent mit den bekannten Worten an: „Je demande que Fouquier-Tinville aille cuver dans les enfers le sang qu'il a versé". — Z. 30: La journée du 1er prairial. Das Werkzeug der Jakobiner waren damals die durch die Teuerung in Not geratenen Arbeiter. — Z. 33: Boissy d'Anglas (1756—1826), Protestant, Mitglied der Reichsstände und des Konvents. Später schlofs er sich an das Kaiserreich an, zuletzt an die Restauration, und starb als französischer Pair. Berühmt geworden ist er besonders durch die Kaltblütigkeit, die er an jenem ersten Prairial bewies.

Seite 70, Zeile 1: Perte de Condé, de Valenciennes. Die Festungen an der französischen Nordgrenze waren damals durchaus nicht in verteidigungsfähigem Zustande, denn der jakobinische Kriegsminister Pache hatte es versäumt, das nötige Kriegsmaterial zu beschaffen. — Z. 6: **Les coalisés n'avaient songé qu'à leurs intérêts particuliers.** Zwischen Östreich und Preußen bestand damals ein schlechtes Verhältnis, besonders wegen der unzuverlässigen Haltung der ersteren Macht gegenüber den neuen polnischen Erwerbungen Preußens. Anstatt die französischen Heere entscheidend schlagen zu helfen, begnügte sich Preußen damit, 40000 Mann gegen Mainz zu schicken. Die Belagerung dieser Festung wurde aber mit wenig Energie in Angriff genommen, namentlich anfangs, wo man französischerseits den Versuch machte, Preußen gegen Angebot der geistlichen Kurfürstentümer am Rhein von Östreich abzuziehen. Hemmend wirkten auch die langwierigen Verhandlungen zwischen den Verbündeten über die künftigen Entschädigungen. Östreich hatte die Absicht, das schwer zu verteidigende Belgien gegen Bayern einzutauschen; davon wollte aber Preußen nichts wissen. — Z. 8: **Dunkerque, objet pour eux d'une longue convoitise.** Von 1658—1662 war Dünkirchen schon englisch gewesen. Die großen, von Ludwig XIV. dort angelegten Hafenbefestigungen waren nach einer der Bestimmungen des Friedens von Utrecht zerstört worden. — Z. 10: **Dampierre (1756—1793)**, eifriger Republikaner, Nachfolger Dumouriez' im Kommando der Nordarmee. — Z. 21: **Rewbel (1747—1807)** aus Colmar, Konventsmitglied und später Präsident des Direktoriums. Den Staatsstreich des 18. Brumaire mißbilligte er und hielt sich daher von Napoleon fern. — Z. 22: **Merlin de Thionville** (so genannt zur Unterscheidung von dem bekannten Juristen *Merlin de Douai*), 1762—1833, Mitglied der Legislative und des Konvents. Seine Gesinnung wird durch die Worte charakterisiert, die er von Mainz aus während des Prozesses Ludwigs XVI. an den Konvent schrieb: *„Nous sommes entourés de morts et de blessés; c'est au nom de Louis Capet qu'on égorge nos frères, et nous apprenons que Louis Capet vit encore!"* — Z. 25: **Ils en vinrent à bout.** Valenciennes ergab sich am 28. Juli, nach-

dem es ungefähr 150 000 Geschosse vom Feinde erhalten hatte.
Die Civilbevölkerung zwang die Garnison zur Übergabe. —
Z. 33: **Au nord, ils se séparèrent.** Es war ein grofser
Fehler, sich durch Teilung der Streitkräfte zu schwächen, an-
statt das seitwärts der Strafse nach Paris stehende Heer mit
ganzer Macht zu erdrücken.

Seite 71, Zeile 13: il battit les Hollandais. Auch die
Holländer hatten sich vom Koalitionsheere getrennt, weil man
ihnen keine Landentschädigung bewilligen wollte. Überhaupt
lagen im September 1793 die Verhältnisse so, dafs die ganze
Koalition zu zerfallen drohte. Zwischen Östreich und Preufsen
war wegen der polnischen Frage eine starke Entfremdung ein-
getreten. — Z. 14: **Une panique ramena son armée en désordre sous Lille.** Da die Engländer sich mit den Östreichern
zu vereinigen drohten, so gab Houchard am 15. September
Menin wieder auf und ging nach Lille zurück. Als aber im
Norden englische Truppen sichtbar wurden, da löste sich der
Rückzug in wilde Flucht auf. — Z. 31: **Cobourg,** d. h. der
Prinz von Sachsen-Koburg (1737—1815), hatte sich im Türken-
kriege ausgezeichnet, und erhielt 1792 das Oberkommando
über das östreichische Heer gegen Frankreich, eine Stellung,
in der er, wie der englische Minister Pitt, für die damaligen
Franzosen ein Gegenstand besonderen Hasses war. 1794 legte
er den Oberbefehl nieder und lebte seitdem in Zurückgezogen-
heit. — **Wattignies.** Carnot selbst marschierte in dieser
Schlacht mit einer Flinte im Arme in den Reihen der An-
greifer.

Seite 72, Zeile 2: **Wurmser** (1724—1797) aus dem Elsafs.
Als junger Mann hatte er in französischen Diensten gestanden,
war aber dann nach Östreich gegangen. — Z. 20: **Hoche
reprit les lignes de Wissembourg.** Diesen Erfolg errang
Hoche mit Gefahr seines Lebens. Denn als er vom Konvents-
bevollmächtigten um Mitteilung seines Angriffsplans ersucht
wurde, weigerte er sich, und erklärte die Geheimhaltung desselben für eine Bedingung des Erfolges, sprach aber zugleich

5*

seine Bereitwilligkeit aus, für das Gelingen mit seinem Kopfe einzustehen.

Seite 73, Zeile 19: **Cathelineau** (1759—1793) aus Anjou, von niedriger Herkunft, doch gut beanlagt. Er wurde Oberbefehlshaber der „königl.-katholischen Armee". — Z. 30: **Bonchamp** (1759—1793) aus Anjou, hatte in Amerika gekämpft und dann bis zum Ausbruche der Revolution in der französischen Armee gedient. An dem Bürgerkriege der Vendee nahm er nur ganz widerstrebend teil. Den Edelmut, durch welchen er unmittelbar vor seinem Tode mehreren Tausenden gefangener republikanischer Soldaten das Leben rettete, hat sein berühmter Landsmann David (d'Angers) auf dem Marmorsarkophage der Kirche von Saint-Florentin verewigt: Schwer verwundet, auf den linken Arm gestützt, richtet sich Bonchamp halb auf und erhebt mit kräftig befehlender Gebärde die rechte Hand. Unten liest man die Worte: *Grâce, grâce aux prisonniers!* — Z. 31: **D'Elbée** (1752—1794) wurde wegen seiner Frömmigkeit als *„Le Général Providence"* bezeichnet. Bei Cholet tödlich verwundet und gefangen genommen, wurde er zum Tode verurteilt und in einem Lehnstuhle sitzend erschossen. — Z. 31: **la Rochejacquelin** (1772 —1794) stammte aus einer alten, schon im 13. Jahrhundert bekannten Familie, die das Patronymikon Du Vergier führte. Trotz seiner Jugend wurde er im Oktober 1793 zum Generalissimus der Vendeer erwählt und schlug sich mit großer Tapferkeit gegen die republikanischen Truppen. — **Charette** (1763—1796), adliger Herkunft, machte sich in dem Vendeekriege durch schonungsloses Auftreten einen Namen.

Seite 74, Zeile 5: **Les Vendéens restent maîtres de leur pays.** Ein dauernder Erfolg wäre nur möglich gewesen, wenn die Koalition es verstanden hätte, die günstige Lage in der Vendee energisch auszunutzen. Das geschah aber nicht. Während die Republikaner, wenn auch geschlagen, ihre Lücken immer wieder ergänzen konnten, schmolz das Heer der Aufständischen mehr und mehr zusammen. — Z. 17: Les

Mayençais. Der französischen Garnison von Mainz hatte man unter der Bedingung freien Abzug gestattet, daß sie ein Jahr lang gegen die Koalition nicht kämpfen sollte. — Z. 25: Le Bocage. Von den verschiedenen Gegenden Frankreichs, die diesen Namen führen, ist hier ein zu Poitou gehöriger Bezirk gemeint (jetzt Départ. de la Vendée), zwischen dem *„Marais"* und der *„Plaine"* gelegen.

Seite 75, Zeile 11: Westermann (1751—1794) aus Mols- heim im Elsaß, ein eifriger Republikaner. Nach dem Feld- zuge gegen die Vendee wurde er als Freund Dantons in dessen Sturz verwickelt und zum Tode verurteilt. Als man ihm vor Gericht vorwarf, ein Verschwörer zu sein, rief er aus: *„Moi, conspirateur! Je demande à me dépouiller nu devant le peuple. — J'ai reçu sept blessures par devant; elles sont encore saig- nantes. Attendez du moins, malheureux, qu'elles soient cica- trisées."* — Z. 18: 80000 Vendéens passent la Loire. Es war ein Fehler der republikanischen Heeresleitung, daß sie diese gewaltigen Menschenmassen ungehindert den Strom über- schreiten, und so den Krieg auf einen Schauplatz verlegen ließ, wo er leicht eine für Paris gefährliche Wendung hätte nehmen können. — Z. 26: ils sont rejetés sur le Mans. Die Opfer jenes Tages belaufen sich auf ungefähr 15000. Denn es wurde kein Quartier gegeben. Greise, Weiber, Kinder wurden ebenso niedergemetzelt wie wehrfähige Männer. — Z. 29: les colonnes infernales. Diesen Namen hatten sich die Truppen selbst beigelegt, und er entsprach allerdings der Erbarmungslosigkeit, mit der sie gegen die Aufständischen vorgingen. Jener Krieg hatte einen ebenso fanatischen Cha- rakter wie seinerzeit der von den Truppen Ludwigs XIV. gegen die Bewohner der Cevennen geführte.

Seite 76, Zeile 2: L'honneur des succès revenait à Hoche. Ohne daß das Verdienst dieses genialen Führers be- stritten werden soll, kann man doch nicht leugnen, daß die politische Lage ihm sehr zu gute kam. Im Oktober 1793 schloß Rußland mit dem noch übriggebliebenen Teile Polens einen Vertrag ab, der das unglückliche Land vollständig unter russische Gewalt brachte. Dieser kolossale Machtzuwachs Rußlands konnte die Koalition natürlich nicht ermutigen, mit voller Energie gegen Frankreich vorzugehen. — Z. 4: **Saint-Just fit jeter Hoche en prison.** Die Machthaber hatten allerdings Grund, den edlen, thatkräftigen Hoche unschädlich zu machen. Denn kehrte er siegreich nach Paris zurück, so war er ein Mittelpunkt, um den sich die besseren Elemente scharen konnten. — Z. 5: **Pichegru** (1761—1804) aus Arbois im Jura, hatte mit La Fayette ehrenvoll in Amerika gekämpft, und zeigte sich auch in den Revolutionskriegen als geschickten Taktiker. Der Konvent verlieh ihm 1795 den Titel *„Sauveur de la patrie"*. Pichegru war aber vor allem ehrgeizig. Schon 1795 trat er in geheime Verhandlungen mit den Royalisten und betrieb seine monarchischen Restaurationspläne auch 1797 als Präsident des Rates der Fünfhundert. Als die Royalisten am 18. Fructidor unterlegen waren, wurde er deportiert, entfloh aber und kämpfte in den Reihen der Koalition, bis er 1804 durch Verrat gefangen genommen wurde. Im Gefängnisse starb er. König Ludwig XVIII. wollte ihm in Arbois eine Marmorbildsäule errichten, die Bildsäule war auch bereits vollendet, doch scheiterte ihre Aufstellung am Widerstande der Bevölkerung. — Z. 9: **deux victoires (Moncroën 29 avril et Turcoing 18 mai)** Ohne Frage wurden die französischen Erfolge durch die politischen Verhältnisse sehr erleichtert. Im April 1794 brach der grofse polnische Aufstand aus und schon im Mai ging der König von Preußen nach Polen ab. Seitdem betrieb Preußen den französischen Krieg ganz lässig. Östreich wiederum argwöhnte, daß Preußen sich auf seine Unkosten vergröfsern wollte, und so zeigte sich auch auf dieser Seite Unlust gegenüber dem französischen Kriege. Zwar war Kaiser Franz am 9. April 1794 in Belgien eingetroffen und hatte den Oberbefehl selbst übernommen, um die Bewegungen zu beschleunigen. Doch auch ihn trieben die Nachrichten aus Polen schon Anfang Juni

wieder zurück, und Östreich stellte allmählich jede weitere
Truppensendung nach Belgien ein, obwohl die Franzosen sich
rastlos verstärkten. Bei Turcoing standen 80000 Franzosen
gegen 16000 Koalierte. Es entstand bald der Glaube, daſs
Östreich seine „festländische Kolonie" Belgien ganz preisgeben
wolle. — Z. 20: Il fallait à tout prix emporter Charleroi.
Saint-Just zwang die Generäle unter Todesdrohungen zum
Vorgehen, und die Guillotine stand bereit, um seine Befehle
zu unterstützen. — Z. 22: Charleroi capitula. Das geschah
am 25. Juni abends. — Z. 25: Pichegru poussa les Anglais vers la Hollande. Das englische Heer war viel zu
schwach, um bei dem beschlossenen Rückzuge der Östreicher
erfolgreich aufzutreten. Es hätte vernichtet werden können,
wenn nicht der Wohlfahrtsausschuſs durch die Weisung, zuerst
die im Besitz der Koalierten befindlichen französischen Festungen
einzunehmen, die französischen Truppen zersplittert' hätte. —
Z. 27: Dugommier (1763—1794) aus Guadeloupe, Konventsmitglied, dem wegen seiner militärischen Begabung das Kommando gegen die Spanier anvertraut war. Nach einer Reihe
glänzender Erfolge fiel er in der Schlacht an der Sierra
negra. — Z. 28: Le Boulou, ein kleiner Flecken am linken
Ufer des Tech.

Seite 77, Zeile 21: Les soldats entraient dans Amsterdam. Mit Rücksicht auf die nicht unbeträchtliche französisch
gesinnte Partei hatte der Wohlfahrtsausschuſs beschlossen,
Holland als verbündetes Land zu behandeln. Seine Politik
half viel zur Gewinnung der Bevölkerung, bei der die
Brandschatzungen der zuchtlosen englischen Truppen noch in
frischer Erinnerung standen.

Seite 79, Zeile 1: Dugommier prenait Bellegarde.
Der Konvent hatte dekretiert: „L'ennemi occupe encore un
point de notre territoire. L'anniversaire de la fondation de
la République approche. La Convention décrète 'qu'avant ce
jour solennel le fort de Bellegarde aura été emporté". Dieses

echt französische Dekret wurde in der That ausgeführt! —
Z. 7: **Figulères** (span. Figueras) ergab sich mit 9000 Mann
Besatzung, 170 Kanonen und riesigen Vorräten, ohne einen
Schufs zu thun. — Z. 17: **La Prusse occupée du partage
de la Pologne.** Am 10. Okt. 1794 war Kosciusko von den
Russen unter Suworoffs Führung entscheidend bei Maciejowice
geschlagen worden. Als nun Rufsland auf Kosten Preufsens
eine Annäherung an Östreich vollzog, liefs Preufsen Ende d. J.
die amtlichen Friedensunterhandlungen mit Frankreich eröffnen,
nachdem es sich schon vorher sehr entgegenkommend gezeigt
hatte. (So berichtet Merlin von Thionville am 4. November
nach Hause, dafs von den preufsischen Regimentskapellen die
französischen Nationalmelodien gespielt würden.) Gleichzeitig
fanden zwischen Preufsen, Östreich und Rufsland die Verhandlungen über die dritte Teilung Polens statt. Als Preufsen
auf seinen Ansprüchen beharrte, schlossen Rufsland und Östreich am 3. Januar 1795 eine Allianz, durch die Preufsen zum
Abschlufs mit Frankreich gedrängt wurde. — Z. 19: **L'Espagne
était livrée à une cour honteuse.** In Spanien schaltete
damals der schamlose Günstling Godoi. — Z. 22: **La Prusse
céda ses provinces sur la rive gauche du Rhin.** Als Frankreich damals das linke Rheinufer nahm, verstiefs es gegen
sein eigenes Prinzip. Die Bewohner der Rheinlande wurden
nicht befragt, ob sie französisch werden wollten. — Z. 26:
Le grand-duc de Toscane. Dies war der Bruder des
deutschen Kaisers.

Seite 80, Zeile 1: L'Angleterre restait en ligne. Der
Krieg mit England fand erst 1801 im Frieden von Amiens
seinen Abschlufs, wurde aber schon 1803 wieder aufgenommen
und dauerte dann ununterbrochen bis 1815. Dasselbe England, das von den festländischen Staatsmännern seit dem Siebenjährigen Kriege als eine im Verfall begriffene Macht, als eine
„quantité négligeable" angesehen worden war, erwies sich
damals, wie auch schon früher im Kampfe gegen Ludwig XIV.,

als ein ungemein zäher Gegner. Freilich war der Krieg für England auch ein wirklich nationaler, was er für die festländischen Staaten erst viel später wurde. — **L'Autriche restait en ligne.** Im Sommer 1795 blieb das östreichische Heer den französischen Truppen gegenüber ganz unthätig. Östreich fürchtete damals einen preußischen Angriff und rüstete daher eifrigst in Böhmen und Mähren. — Z. 5: **Quiberon.** Lediglich die Uneinigkeit und Eifersucht der Royalisten trug die Schuld am Untergange dieses Zuges. — Ein noch schmachvolleres Ende hatte die im September 1795 unter dem Grafen von Artois unternommene Expedition. Die Feigheit des Führers hinderte damals überhaupt eine Landung, obwohl die Bretagner vor Kampfeslust glühten. Unter solchen Umständen war es kein Wunder, wenn das Königtum in Frankreich nicht wieder Wurzel schlagen konnte. — Z. 8: **Hoche les détruisit.** Die Grausamkeit, mit der man die 600 Gefangenen der Expedition dem Tode weihte, fällt nicht Hoche zur Last, sondern vielmehr dem Konventskommissar Tallien. Dieser war den Machthabern damals verdächtig geworden und suchte daher seine Stellung durch rücksichtslose Grausamkeit gegen die Royalisten zu befestigen. — Z. 26: **Le Vengeur.** Nach der Sage, die namentlich durch Barères überschwenglichen Bericht und Lebruns große Ode verbreitet worden ist, wäre die Mannschaft des Schiffes mit diesem selbst unter dem Gesange der Marseillaise versunken. In Wirklichkeit aber hat sich die Mannschaft in der Stärke von 267 Mann ergeben. Noch 1850 wurden acht Überlebende mit Orden geschmückt.

Seite 81, Zeile 9: **la constitution démocratique de 1793.** Diese Verfassung brachte das demokratische Prinzip in einem noch nie dagewesenen Grade zur Anwendung. Das Stimmrecht, das sie einführte, war fast das allgemeine. Nicht nur die Wahl der Abgeordneten, sondern auch die Wahl der Mitglieder der Exekutive, sowie die Annahme der Gesetze hing unmittelbar von der allgemeinen Abstimmung des Volkes ab. Eine Regierung auf solcher Grundlage war ein Unding. Das begriff man auch und ließ daher, unter dem Vorwande, daß die Republik in Gefahr schwebe, diese Verfassung gar nicht in Kraft treten. — Z. 10: **on attribua le pouvoir législatif à deux conseils.** Der Rat der Alten bestand aus 250 Mitgliedern, die wenigstens 40 Jahr alt sein mußten, während das Alter von 30 Jahren genügte, um Mitglied des Rates der Fünfhundert zu werden. — Z. 14: **Un Directoire.** Die zur Monarchie neigenden Konventsmitglieder hatten einen Präsidenten als Spitze der Exekutive vorgeschlagen, doch aus Furcht vor dem Royalismus einigte sich die Mehrheit schließlich auf das fünfköpfige Direktorium. Dasselbe hatte nicht das Recht, Gesetzentwürfe vorzuschlagen oder den Gesetzgebenden Körper aufzulösen, ebensowenig konnte es einen Minister aus dieser Versammlung wählen. Der Gesetzgebende Körper andererseits hatte nicht das Recht, Mitglieder des Direktoriums abzusetzen. Eine solche Verfassung war gleichsam eine Brutstätte zur Züchtung von Gewaltstreichen.

Seite 82, Zeile 19: Bonaparte fit des Tuileries un camp retranché. Er hatte zur rechten Zeit einen außerhalb der Stadt aufgestellten Artilleriepark vor die Tuilerien fahren lassen. Das entschied den Sieg. — Z. 25: **Le reste fut désarmé.** Nach dieser Niederlage der Royalisten fanden keine Massenhinrichtungen statt, ein bemerkenswerter Fortschritt gegen früher. Nur zwei Leute wurden erschossen.

Seite 83, Zeile 2: La Convention avait préparé un code uniforme. Der Bearbeitung des bürgerlichen Gesetzbuches hat der Konvent im ganzen 60 Sitzungen gewidmet. — Z. 8: **elle avait décrété une instruction nationale.** Den Fragen der Erziehung und des Unterrichts hat zwar der Konvent eine große Aufmerksamkeit gewidmet, doch ist es zu wirklich umfassenden Neuschöpfungen nicht gekommen. Sybel sagt, daß die Volksschulen schließlich verödeten, die Gymnasien lediglich auf dem Papiere existierten und daß für den Universitätsunterricht nur in Paris gesorgt war. — Z. 17:

Le grand-livre de la dette publique. Freilich kam durch diese Einrichtung Klarheit und Ordnung in das französische Staatsschuldenwesen, und in diesem Sinne ist sie viel verherrlicht worden. Aber man darf auch nicht übersehen, daſs bei der Eintragung der Zinsfuſs aller Staatsschulden auf fünf Prozent herabgesetzt wurde, und daſs dies einer Beraubung zahlreicher Gläubiger gleichkam.

Berichtigung:

Seite 15 der Anm. Zeile 10 von unten lies: 1709 für 1695.

www.ingramcontent.com/pod-product-compliance
Lightning Source LLC
Chambersburg PA
CBHW072048080426
42733CB00010B/2035